靈修人
關鍵報告

宇色／著

最猛職人.13

靈修人關鍵報告

作　　者　宇色（李振瑋）
封面設計　李緹瀅
特約文編　王舒儀
主　　編　高煜婷
總 編 輯　林許文二

出　　版　柿子文化事業有限公司
地　　址　11677臺北市羅斯福路五段158號2樓
業務專線　（02）89314903#15
讀者專線　（02）89314903#9
傳　　真　（02）29319207
郵撥帳號　19822651柿子文化事業有限公司
投稿信箱　editor@persimmonbooks.com.tw
服務信箱　service@persimmonbooks.com.tw

業務行政　鄭淑娟、陳顯中

初版一刷　2018年5月
定　　價　新臺幣399元
I S B N　978-986-95653-8-7

歡迎走進柿子文化網　http://www.persimmonbooks.com.tw

搜尋 柿子文化

粉絲團搜尋 小柿子波柿萌的魔法書店

～柿子在秋天火紅 文化在書中成熟～

國家圖書館出版品預行編目(CIP)資料

靈修人關鍵報告／宇色著. -- 初版. -- 臺北市：柿子文化,
2018.05
面；　公分. --（最猛職人；13）

ISBN　978-986-95653-8-7（平裝）
1.靈修 2.民間信仰

192.1　　107001200

「真正能讓生活更快樂自在的人才是真正的靈修人。」

作者序

我是一名靈乩，走靈修已近二十個年頭，自二〇一〇年出版《我在人間與靈界對話》以來，從讀者來信、學員與個案身上，快速且大量地接觸到更多不同領域的問題。多虧大家帶著各式各樣靈修、鬼神、修行疑問前來請益瑤池金母，我也得以從中系統性地整理出靈修輪廓，讓我的靈修經驗從個人向外，連接到更大的世界，甚至有了出版《靈修人關鍵報告》的機緣。

在此對每一位曾有一面之緣的你致上最深的感謝，願將母娘慈光迴向予各位，平安、圓滿。

《靈修人關鍵報告》是一本接近現實情境的靈修手冊，匯集了近年來全臺學員在靈修講座、個案問事與讀者來信中所提出的疑問。本書的最後一個單元，則收錄了讀者親身經歷的鬼神、靈修經驗、宮壇靈修實錄，因為顧及到當事者的隱私，每封來信我都做了小幅度的修改，保留下當事者闡述的親身故事，刪去他們曾接觸過的宮壇與主事者資料，但我可以保證，每一封來信都是真人真事。

走靈修這麼久，我從來沒有想過要開山立派，反而花了許多的時間寫書、經營臉書與網站，分享自身的實修經驗，之所以會這樣選擇，是因為我認為，靈修唯一的老師是自己的心與神明，靈修人必須將心之外的世界、社會當成道場，而開山立派很容易將人心鎖在一個小小的空間當中。靈修不是閉門造車，更不是躲在一間小房子裡獲得少數人的認同，誠如「我在人間」系列的前幾本書一直提醒讀者的：靈修不是跳入神話世界，再扣上救世渡俗、拯救世人的大帽子，而應先檢視自己的身心健康與快樂，再逐漸讓靈修的觀念進入生命，與這世間有更大的連結。

與前六本「我在人間」系列不同的是，這是一本為初入門的靈修新鮮人，以及跑靈修多年仍不知靈修為何物的靈修人所寫的靈修教戰手冊，希望讓「靈修」對你來說不再是一件摸不著頭緒、被人牽著團團轉的痛苦之事，並能從書裡讀者的親身故事中獲得更寬廣的靈修觀點，以重新檢視自己的靈修。一位讀者在閱讀過《我在人間的靈修迷藏》後，在我臉書上留言：「給了我更多的省思，更能沉澱自己。」若閱讀本書的你也能有同樣的心得，這將是我繼續分享靈修故事的最大動力。

祝福正在閱讀本書的你，願你在靈修路上平安吉祥。如果有任何的心得想與我分享，都請不吝來信或傳line給我。

kinkiosel@gmail.com

宇色，家中書房

PART 1 請好好問自己：「我為什麼想走靈修？」

PART 2 走靈修前，先搞懂自己到底怎麼了

PART 3

靈修新鮮人該如何找對法門和老師？

PART 4 這樣靈修就會比較順利嗎？

PART 5

靈修人心事誰人知？

Part 1

請好好問自己：「我為什麼想走靈修？」

你想要探索什麼？
你想要了解什麼？
你的心有多大力量拒絕誘惑？
你的心真的對名、利沒有一絲一毫的眷戀嗎？
你真的沒有想要追逐通靈、神蹟嗎？
你是用好勝心、好奇心來認識靈修嗎？

靈修路很現實，絕非你「想要」就能得到，愈能夠認清自己心的人，才能真正領悟靈修奧妙之處。有太多人走靈修走了數十年，跑遍臺灣各座靈山，膜拜過萬廟千寺，至今仍然不了解靈修為何物，也不知原來靈修祕寶就在心裡頭。

因此，建議你在開始閱讀這一部之前，先好好思索以下這個問題——「我為什麼想走靈修？」

宇色靈修空中教室—今天你可以更認識靈修

你真的知道什麼是靈修嗎？

靈修是什麼？就是你的心，領悟這一點，靈修的所有疑問將會迎刃而解。

靈修是什麼？我的第一本書《我在人間與靈界對話》引述過某位仙佛的慈示，明明白白地說明靈修的定義與精神：

首先是：「道在紅塵鬧市修，全憑皈戒作根由，在塵不塵真佛子，在俗不俗是真修。」「皈戒」就是指靈修人一定要以心為師，在紅塵鬧市修行全憑心，這句話是靈修真正重要的心法——在紅塵鬧市中實證靈修，而不是一頭鑽入鬼神世界而忘了身為人的本分。後面兩句話則是提醒靈修人——透澈陰陽、中庸之道才是真正靈修。重要的是第二段話：「……以元神為主宰進行修練，有為是後天，無為是先天……故，靈修之修持為後天返先天。」元神是什麼？元神不是一個存在於身體之外的靈體，它就是你的心，元神是維繫生命的精神所在，靈修是修元神，說穿了也就是修我們的心、修練精神專一。

每當有人問我：「何謂靈修？」我的回答是：「與心接近一點就是在靈修了。」或許有人會開始搬出一堆靈修索引手冊出來，會靈山、接主靈、接無形寶、領旨、天赦地赦……然而我不禁想要反問做過上述事情的靈修讀者：「做完手冊內的闖關遊戲，你有更管好心了嗎？生活有更安定嗎？」我看盡一群靈修超過三十年以上的靈修人，生計、事業、家庭沒有處理得比一般人圓滿，十多年過去了，除了滿口靈修經、鬼神論，生活依然渾渾噩噩。管好自己的心，就是知道什麼事該做與不該做、什麼話該說不該說、什麼事情該管與不該過問……管好心的第一步就是管好自己的生活，能夠做到這些為人處事的根本，已經比做完靈修手冊裡一長串的神話闖關遊戲踏實多了。

或許有人又會問，這些不都是很簡單的事嗎？與靈修中的靈動、元神、講靈語、會靈山又有什麼關係？太好了，終於可以更進一步聊聊靈修了。

當你心生走靈修的念頭，最好想一想為什麼想走靈修，光是捫心自問這個問題，你就必須坦白面對自己的心。絕大部分人走靈修，是想要讓生活更好（以物易物的概念）、想要幫助別人（獲得肯定）、想要獲得靈通感應或神通（有目的）、想要濟世渡俗、幫助靈界的無形眾生……看到了嗎？這些「想要」的背後，都是一顆「有所求」的心，一開始的動機就如此不單純，後續的路又要如何修？修，就是要回歸樸實，如果心中背負著滿滿的「想要」，就較難有所得。

常常有許多靈修人拿著厚厚一疊天文來請我翻譯，我告訴他們：「你寫的天文怎麼會要我翻？你應該要學會閱讀自己所寫的天文。」想當然爾，下一步就是問我該如何翻？翻天文沒有祕訣，更不用鬼扯什麼「要接旨或帶天命才能翻天文」，唯一的方法就是專注在元神（心）、把心安住。道理很簡單，但就是有一堆人做不到，原因其實出在：走靈修愈久的人，心中雜念反而愈多；心承載太多東西，便無法說放就放。

每一年舉辦母娘懺儀，許多靈修人在母娘前靈動時，我總是在一旁提點：心放開一點，專注一點……我告訴他們：「想要進入靈修世界，你的心要放一點，心太緊進不了仙佛世界，心太放又什麼都記不得。」真正能夠進入靈修的人很少，主要的原因便是生活態度太用力或太鬆。是誰在靈動？是誰在寫天文？是誰在會靈？想了解靈動、天文與會靈，唯有向內找才能找到真正的答案。

靈修最終還是離不開心，靈修沒有一定要持誦的經文、咒語，更沒有一定要膜拜的仙佛，套一句母娘說過的話：「你的心常常意念仙佛，常繫你的心，你已經守住元神、在走靈修了。」

靈修是什麼？就是你的心，領悟這一點，靈修的所有疑問將會迎刃而解。

Q2 「修行的時間到了」就一定要乖乖走靈修嗎？

你若沒有真心想做的事，時間到了沒，對你根本沒有意義。

相信有不少讀者曾被某些宗教人士「好心」告知：「你修行的時間到了！」鼓動你加入靈修與宗教的行列。

然而，所謂的「時間到」，是「你為什麼事做了什麼？」與「做了後發生什麼樣的結果」，換言之，你必須很清楚想要做什麼並執行，如果根本不知道想做什麼，什麼也都沒有做，就不會有所謂「時間到」的說法。

或許有人會反問：「就是什麼都不知道，才會被別人提醒時間到啊！」我則認為，這句話除了表現出「特別想要與眾不同」外，並不具有其他任何意義。

一次，一位個案因為很多乩身說他「時間到了」而倍感壓力，於是來請示母娘：「真的時間到了嗎？」沒想到母娘竟然反問他：「你做什麼了？又想做什麼？」他頓時楞住，不知該如何回答。

母娘繼續提醒他：「當一個人時間到了，不論『到了』代表什麼意思，本人一定能夠清楚明白。」那就好像——你要搭車到臺北，當車子開到終點時，應該無須他人提醒，你也會知道終點站是臺北。

一名真正的靈修老師絕對不會輕易對人說「時間到」這句話，這種事只有當事者與神明知道，靈修老師只能等待靈修人自然而然地體悟。就像父母親常常提醒孩子上床、吃飯、上課時間到了，但孩子如果沒有意識到它的重要性，一定常會賴床、不想吃飯、上課拖拖拉拉；父母親只能靜觀其變，等待孩子自己意識到此事的重要性，這才是所謂的時間到。

靈修也是如此，當一個人真正想服務眾生時，他一定很清楚下一步是什麼；若一個人連自己的路都搞不清楚，旁人說再多也無濟於事。我初走靈修時，一直抱持著一個態度：每一次訓體、靈動，甚至到全省廟宇會靈山，當下都認真做好它，不去設想未來的事。如今，十幾年過去了，母娘從未跟我說：「你時間到了。」至今我走靈修，都仍以專注顧好眼前的每一次修練和修行為重點。

每當有人問我：「有人說我時間到了，是真的嗎？」我都會反問他：「你有真心想要做什麼嗎？」但幾乎沒有人回答得出來。你若沒有真心想做的事，時間到了沒，對你根本沒有意義。重點是，別管他人說什麼，清楚知道當下要做什麼，比別人說什麼更重要。

走靈修這麼多年來，每逢農曆七月十八日舉辦無極瑤池金母的聖誕祝壽時，我一概都只用照片來代表祂。我在靈修的過程中獲益甚多，連續幾年固定舉辦母娘聖誕懺儀，與會者與日俱增，直至二〇一七年，才覺得請一尊金身的時機成熟了。在此之前，總是有個案、學員問我：「你拜母娘為什麼不請一尊金身呢？」

請神容易送神難，有許多人請神是為了獲得祂們的庇佑，或是因為從某宮主、通靈人嘴裡聽說了自己的主神、有緣神，才請一尊回家拜以祈事業順利、生活如意……然而，如果不是發自真誠的內心，就算拜了神尊，一顆盲從的心也難與祂們的願力有所連結。

因此，當有人告訴你「時間到了」，不論他是靈修老師、乩童、通靈人、靈乩，你都必須稍退一步去省思：我做了什麼？我有為了什麼而精進與努力嗎？如果你什麼都沒有做，也未努力精進任何一件事，那就不必管別人嘴上那一句「時間到了」。

反過來說，就算沒有人說你「時間到了」，你也應當非常清楚自己每一天在做的事，不用他人的嘴來印證你該做什麼。只要做好該做的，該發生就會發生；**如果什麼都沒有做，那就做好本分，其餘的就交給上天吧！**

Q3

人為什麼一定要修行？變回正常人是壞事嗎？

每一個人來到世間，都在尋覓屬於自己的平衡之道，不論它是宗教信仰或某一種學說、觀念、態度，甚至學習某一種技能，這……其實都是一種修行。

曾有學員在我開設的「靈修迷思深度探討」講座中問了這問題：人為什麼一定要修行？不能當平凡人嗎？

一日，我在靜坐時請示母娘這個問題，祂如此回答：「人來到人世間必會找到屬於自己的信仰力量，信仰的力量就像是黑暗隧道前的光，引導人們的心向前邁進、不再恐懼。轉世為人，最終的目的是消融心中種種的負面力量，維持靈魂的平衡。人世間的苦難多於樂，人心亦是如此。苦難多時想找快樂的方法，當人在物質中獲得極度享樂時，內心便想要回到平靜，而信仰力量便是維持苦難與享樂間的平衡力量。尋找到屬於心靈平衡的力量、信仰（不一定指宗教），是人必定會去做的一件事。」

接著，母娘在我腦海中示現一個畫面：

「一顆潔亮無瑕、透出一陣陣光明的球體沉入海裡，海的深度遮蔽住球體原有的光澤。球體漸漸沉入最深的海底，不見天日。球體並不屬於海，當它在海底載浮載沉時，它的光淡淡地穿透出海面，有時又被遮掩而消失。經過無數年，它終於浮出了海面，光芒照亮海平面、海岸、大地，它的光直穿入天際。」

這個畫面很類似佛教常拿來暗喻自性佛心的一句開悟詩：「我有明珠一顆，久被塵勞關鎖；今朝塵盡光生，照破山河萬朵。」引用佛教觀點，明珠可指自性、覺性、佛性、智慧之光，而母娘示現此畫面來譬喻人心。光明球體指的是一個人的心，沉入海底則暗示人轉世投胎來到紅塵當中，不論經過幾世的輪迴轉世，人的心依然光明，汙濁的是紅塵，但沾汙不了球體原有的本質。球體在海底載浮載沉，便是指人們每一世的輪迴中，心有時覺醒有時沉淪；靈魂畢竟不屬於這地球，總有一天我們還是會離開紅塵。經過無數次輪迴，人們一定會尋覓到離開海洋（紅塵）的方法，離開海洋的那一天，心的光明會照亮一切眾生。光明球體只是盡自己的本分（業），無須去干涉他人，沉與浮都是業，而沉浮之間有時能透出光，並非它所發的願比較大，而是光本就會射出海洋——這也是它的業。

母娘的意思是，人活在人世間，無須鎮日去想要濟世渡俗、破魔界護天庭、拯救世人，每一個人盡其本分，終有一日必會浮出海面、回歸天際。母娘曾說：「世人無須你去拯救，唯一要拯救的是你的心，心自顧不起惡心，世界也就平安。」母娘還說過其他相似的觀點：「世界上如果有一半的人能專心安住自己的心性，不去想天命、拯救世界云云，世界就能順暢的運行了。」

系統排列創辦人伯特・海寧格（Bert Hellinger）曾在公開演講中說道：「做了這麼多年的系統排列，我發現到，一味想要助人的工作者，往往內心是最需要被療癒的人。」當你過度想要利益眾生，不僅是帶著欲望之心介入他人的因果，那想要助人的心，其實多少也隱藏著某一種執著，只會干擾心的光明。

值得思索的是，光明球體在海裡載浮載沉為何沒有外物來幫忙？母娘指示：「修心靠個人——決定球體會向上浮或是向下沉，都是來自於我們的心。」南傳佛教尊者阿姜查說過：「除了你自己的領悟外，沒有任何人或任何東西可以使你解脫。」❶就是在教導人們：解脫法不外求，一切都是領悟之間。

回到原本的問題：人為什麼一定要修行？變回正常人是壞事嗎？這其實並不算是真正的問題，每一個人來到人世間，便已經站在維繫生命與心靈平衡的宿命，不論維繫平衡的力量是宗教信仰，或是某一種學說、觀念、態度、技能，只要能夠讓身心靈不偏頗，回歸中道，它就是我們此生維繫心力量的信仰。

❶引用自《何來阿姜查》。

Q4

每個人都適合走入靈修嗎？靈修的目的究竟是什麼？

我不認為每一個人都適合靈修，這條路上鬼鬼神神的誘惑太多，考驗、顛覆你原有觀念的事情太多，一個人如果不願意接受改變與自我挑戰，根本就走不下去。

靈修是一條不歸路，是一趟必須坦露內心世界的修行，遇到一名正信的靈修老師，靈修會帶動你的元神，並加速轉動你的業力（心性），你的未來也得以徹底改變，進而體悟到今世職責所在。然而，靈修卻不是一條輕鬆、人人都適合的修行法，它沒有標準答案、無固定的儀軌與ＳＯＰ，依憑每個人的不同心性而有所差異。靈修是更直接地看見自己的心，以元神為師，以心為戒，它不屬於任何的宗教範疇，卻能運用在每一種宗教修持上。

什麼是宗教？引述研究靈修多年的李峰銘教授之觀點：「宗教即是一種醫療。釋迦牟尼（Śākyamuni）不就說過，自己只是一個『醫生』，而不是『神』。這段話道出了宗教與神完全分道揚鑣的關鍵點。因此，宗教可以是與神完全無關的現象。只是人太習慣於依賴，誤以為心靈必然虛弱而需要慰藉，導致忘了其實真正的力量來自自身——那個在你出生時，即暗藏在你生命中的內建部分，只是你忘了那個擁有無限力量的自己。尤其是在教育、社會及文化對你灌輸大量的倫理、道德、價值觀，甚至是意識型態等知識後，便容易迷失且被淹沒在由人類所建構的後天龐大幻想世界。」

說到底，宗教就是一種治療心的藥方罷了。正因為如此，我才說靈修適用在每一種宗教當中——靈修所談論的就是心。然而，每一個人都適合走靈修嗎？

瑤池金母如此回答：「人在世，一定會尋找到一個與心相應的信仰法門，一個足以支撐今世遭逢黑暗時的光明力量。每個人在修行中能得到多少領悟，與心性、資質、悟性有很大的關係。走入靈修，須克其本分，並不妄求結果。」

母娘曾對我說：「宇色，你能在靈修中獲得如此多，是你的個性使然，不是每一個人都像你。靈修路上能有多少成就，今世已經註定好。」每個人都適合走靈修嗎？我不認為，這條修行路上，鬼鬼神神的誘惑太多，考驗、顛覆你原有觀念的事情太多，一個人如果不願意接受改變與自我挑戰，根本就走不下去。

要走入無極靈修法，第一步就是要「啟靈」，沒有啟靈，後面的路——主神、通靈脈、會靈山、赦因果、領旨辦事——通通都不用去談論。

啟靈可初分為自我啟靈與後天（外力）啟靈兩種：

自我啟靈指在毫無接觸宮廟、靈修儀式的情況之下突然會靈動、說靈語等，但這種人並不常見。自我啟靈常是在不可控制且非人為的情況下發生，一般帶有特殊使命的人多半屬自我啟靈——換句話說，就是因為一個人具有特殊使命，上天才會讓他在時機成熟時元神甦醒，這樣才有辦法走上今生被安排的命運。這些人走入靈修的最終目的不盡相同，有的人是為了護持某位仙佛菩薩的願力，有的人是為了與命中註定的靈子一同成長，有的人則是想為某神尊興建廟宇……

後天啟靈的人，大都是到靈修道場、宮廟學習打坐、訓體，或是透過蓮花陣啟靈法、請靈修前輩牽靈啟靈等。當中，有一些人是自願走上靈修的——有時是因為好奇而接觸靈修，有些人是想要與眾不同、獲得神通感應仙佛，也有人是因為被宮主告知人生不順遂必須走靈修才踏上這條路，理由不一而足。但不可否認的，的確有人是因為自我感覺良好才選擇走入靈修。

依我的觀察，目前靈修界中，自我啟靈者約佔不到一％。

靈修		
啟靈法	先天自我啟靈佔１％	後天外力啟靈高達九成以上
天命	具宗教使命者不到１％	有高達九成九的靈修人此生職責皆是在家庭、健康、事業等方面

絕大多數人靈修的使命都在日常生活

那麼，靈修人又該如何知道自己的使命？一個很多靈修人都不願聽到的真相（同時也是不想承認的現實）是：約九成以上的靈修人今生的使命都圍繞在現實的生活與職場中，而真正走靈修後，能在宗教上留名的人更是少之又少。

你聽過幾個留名於靈修界的靈乩前輩？三霞二黃、臺灣首席靈媒林千代、將靈修推廣到海外並融入密宗的盧勝彥、名留奧運的靈修第一人楊傳廣、滿洲皇媽洪諒阿媽，還有陳玉霞（三霞之一）的記名弟子、創立開天眼研究修持的許衡山……此外還有誰？

靈修在臺灣發展已近七十年，這些靈乩前輩一輩子苦修，但真正能夠流傳至今、讓後進依循的「修法」卻是少之又少：再也沒有第二位靈修人有林千代師姑的牽亡魂能力，也無第二人有滿洲皇媽洪諒阿媽那般的辦事能力……隨著他們離開人世，許許多多的靈修法也隨之入土。

誠如上頁的表格所示，九成九的靈修人天命都不在宗教。母娘如此開示：「為數眾多的人，今生接觸宗教只是好奇而非命，許多靈子轉世來世間，眾多的課題都已經在生活中顯現，做好生活上的本分就是在盡天命。」我所接觸的靈修個案、學員，沒有一個人家中不存在家庭問題，套一句母娘所講：「家庭不顧好，遑論靈修走得好。」

每一年，無極瑤池金母聖誕時都會對靈修學員慈降心法：

• 對一位家庭主婦：「妳今生的使命就是家庭，切勿忌妒他人、與人競爭，顧好家庭就是最大的功德。」

• 對一位女學員：「心走得坦然，不要去懼怕他人看妳的眼光，做任何事無愧於心與天，如實做好這一點，妳已經在行妳的天命。」

• 對一位靈修個案：「將眼界放在更高的位置，不要用狹隘的心看待眼前一切，走遠一點，到世界各地去接觸不同的人，你會更加看見自己未知的那一面，再多的靈修也抵不過勇敢走出世界的心，這就是你的天命。」

• 對一位過了適婚年齡的女學員：「妳的姻緣將至，人生另一挑戰來臨，此時，應照顧好妳的身體，學會安頓身心的方法，走入婚姻，妳才能快樂。」

這不是每一個人都應該要做的事嗎？靈修的目的就是修練元神（心），突破生命慣性與舒適圈，讓生活發揮到淋漓盡致，如果連基本生活都照顧不好，又怎能期盼靈修路走得精彩呢？

就如同瑤池金母在二〇一四年聖誕的慈降所示：「話語帶吉祥，念念帶善念，舉足帶智慧，此生皆富貴。」這四句話看來容易，要做到卻非易事。不論你是否帶特殊的天命，在生活未安頓好前，就一直在身上冠上與眾不同、濟世渡俗、維護靈界和平的天命，最終只會讓心亂了分寸，對日後靈修毫無助益。

靈修是為了喚醒元神，開拓今生的生命格局

另一方面，走靈修是讓逐漸被喚醒的元神能量得以幫助靈修人釋放其潛在的未知能力，例如我從事瑜伽、塔羅牌、靜坐與身心靈教學，同時還是一名靈修、塔羅牌作家，又在華人網路心靈電臺開設節目，如此多重的身分，在別人眼中或許覺得不可思議，但這些都是走靈修、修練元神後，元神的神祕力量助我達成想做之事。在宗教、神祕學、身體修練相關的學習上，我吸收與學習的能力更勝於一般人，這絕大部分都必須歸功於元神的修練；我在閱讀瑜伽經典時能快速了解其意涵並融諸教學當中，就是靈修帶動內在元神所產生的不可思議力量。

修練元神的目的是讓自己的路更深入與寬廣，當你很清楚自己想做的事情，元神的力量能協助一個人加速達到想做之事——這就是靈修的目的。

靈修是為了找到一條回家的路

所謂「回家的路」，就是向內尋找、認識自己的心。這是所有修行的核心，家不在外面，而是在你的內心當中；回家不是回到母娘的家，更不是回到諸神菩薩的家，是要找回你心的本質與初衷。

人來到世間，被五毒心（貪、嗔、癡、慢、疑）所沾染，會逐漸失去認識自我的能力，所追求的事物往往都不是自己想要的，而是被社會化的結果。真正在走靈修時，你會知道：為何來到人世間？今生的主神是誰？為何我會投胎在這樣的家庭？我這輩子在心性上應該努力的方向為何？你今生最大的課題都會在靈修中逐一澄清，當這些事情一一化解後，便能清楚知道人生的路該怎麼走、此生的婚姻該如何面對與相處、看待金錢與事業的角度與以往完全不同，你會非常清楚地了解生命的重心應該安置在何處，心也不再像浮萍般飄忽不定……甚至於此生結束後，靈修也能讓我們對許多事物釋懷而了無牽掛，不論是再投胎到下一世或今生就已了結，我們的心都不再被更多累世的業所障礙。這，就是靈修的目的。

靈修法門是少數人的法門嗎？一定要有先天元神才適合修練？

靈修並不是為少數人而開設的法門——就像佛陀大開解脫苦的法門，並非只為傳授某些人，只不過，當中真正能夠了悟的人又有多少？

自從在《我在人間與靈界對話》中提到先天元神與後天靈的概念後，常有許多跑宮壇、走靈修的人來問我：

「宇色，我有元神嗎？」「我一直動不起來（靈動），是不是沒有元神？」「我的老師看了你的書後說我沒有元神，所以才會訓（訓體）不起來，是真的嗎？」

走靈修有許多必須符合的先天條件，啟靈就是第一個條件，元神沒有覺醒的人是很難走入靈修世界的。走靈修是修內在元神，不是修任何一條外來的靈，元神是一個人內在深層的意識、累世記憶、心性、先天之炁、靈通等具體呈現，它可以說是一個人精氣神的全部，因此很難用一個詞來界定它，就如同「道」，當你說它是什麼時，它便不是什麼，這句話也適合挪用到元神上。

許多人在宮廟前靈動、跳舞、訓體時，身上一點先天之炁也沒有——也就是說，他們不帶元神的在靈動。這就是我常說的「假靈動」，這類型的人，就算在仙佛前跳多少年都領悟不到靈修的奧義。有人在靈動時會大哭大叫，有人在靈動時會展現出各種肢體動作，但只要仔細觀察就能發現，這些大多與當事者的潛在個性有關，因此，元神與內在心性是有密切關係的。

靈修並不是為少數人而開設的法門——就像佛陀大開解脫苦的法門，並非只為傳授某些人，只不過，真正能夠了悟的人又有多少？修行的法門千千萬萬種，光是佛法就有許多的宗派——每一種修行，一定有其適合的人，任何類型的人都可以找到適合自己的修行法。雖然我沒有資格、也無法武斷地評判何種人適合走靈修，但我卻很明白什麼樣的心性不太適合走靈修。

心性不夠沉穩、搖擺不定的人，走靈修反而危險

靈修路上是否能夠有所體悟，個人心性佔了九成以上的決定因素。許多年前，一位女學員來上我開設的「靈修‧覺醒旅程」課程時，趁著課程休息空檔，私下表示自己的生活、

婚姻走得很辛苦，走靈修很多年，不但沒什麼收穫，還花了不少錢。她央求我收她為徒，教導她靈修法門。

我明白地婉拒了她，表示自己從來不收徒，但所有課程都是公開的，任何人皆可報名；我直言表示她的心性不適合走靈修，主因是她心性搖擺不定、不夠沉穩、易受他人言語影響，但她始終相信自己擁有一顆堅定的心。

又過了些日子，我帶著幾位學員到埔里地母廟會靈，她也在其中。會靈過後沒幾天，她向我反應有靈修朋友說她的元神被蓋住了，訓體時元神才會訓不起來。我笑了笑，反問她：「妳靈動時，那些靈修朋友在場嗎？別人說妳元神被蓋住，妳就動搖了嗎？」一時之間，她啞口無言。

又有一次，她帶丈夫來找我問工作與發展，我看出她丈夫利用工作之便與同事多次發生婚外情，便提醒他婚外情有損功德，想要有好的人生，最基本的要求就是不能做有損功德之事。幾年後，她悲痛不已的寫信給我，提到家人出車禍身亡，而丈夫竟把這個悲劇歸咎於她跑靈山。當下我唏噓不已，她丈夫指責她沉迷靈修導致家人不幸，卻不反思是否是自己外遇損了功德才讓家人喪命……

許多靈修人或有家人走靈修的朋友，只要生活遇到災厄、健康下滑、經濟出問題，便會斷定一切都是靈修出了錯，這不是迷信又是什麼呢？

靈修的力量並沒有大到足以決定一個人今生的生與死，就如母娘的慈訓所示：「死是如此重要之事，仙佛豈能如此輕易地決定一個人的生死呢？如果連仙佛都沒有這般力量，靈修豈能做到？」

這位女學員從此不再接觸靈修，這便應驗了我當時的說法——心性不夠沉穩、搖擺不定、易受他人言語影響的人，不適合走靈修。

她的故事雖然是個案，在靈修中卻不是少數。有人還沒走靈修，心就已經塞滿一堆怪力亂神——在家不能亂打坐、不能在沒有仙佛神像的地方說靈語、會靈要身繫紅帶才不會被外靈附身、為人解讀天文會揹到別人業障、會靈山結束一定要全體擊掌歡呼（還有老師要求丟鞋子），以及跑靈山不能吃陌生人給的食物，元神才不會偷偷被帶走……在還不知道靈修到底是什麼的時候，腦袋裡就塞滿這些奇奇怪怪的觀念，似乎早就已經預告靈修路能夠走多遠了。

易疑神疑鬼的人更不適合走靈修

話說回來，本性容易疑神疑鬼，事事都可以牽涉到前世因果、無形界的人更加不適合走靈修，畢竟靈修接觸的鬼鬼神神較多，這類型的人容易迷失在其中，建議可從佛教與其他正信宗教入手。

有不少人常繪聲繪影的說家中、工作場所、廟宇裡面有鬼靈，參加法會完就到處去跟別人說身上揹了業障，有多少隻鬼跟著回家，旁人聽了難免心生恐懼，但一次、兩次後，便再也聽不下去。能夠見鬼很了不起？我倒以為，一個人若能處處見鬼，他最該除去的或許是躲在心中的鬼。這類型的人較常具敏感體質、自稱能見到鬼，而有這樣的心性，在靈修路上必定處處充滿魔考（心魔）。

走靈修，必須先培養一顆定力與安住的心，若在靈修之初便聽信過多不切實際的鬼神觀念，容易陷入靈性危機的泥濘中爬不出來。

總之，靈修法門並沒有限定給何種人，有正知見且帶著正信之人都非常適合以靈修為自修法門。

Q6

刻意用外力啟靈走上靈修之路，真的適合嗎？

靈修是先天的無極法門，抱持隨順因緣、不強求的心是很重要的。任何修行都不應過分強求，強求的心是不善的心，易吸引不善的靈、不好因緣，修行路上的考驗也將特別多……

就如我之前所說，有高達九成以上的靈修人都是靠外力啟靈的，也就是說，大部分的人都是對靈修、宮壇、民間信仰感到好奇，或是在感情、事業、婚姻觸礁後接觸宮壇，聽聞主事者說今世諸多不順是前世因緣或帶天命所致、須啟靈訓體為人民服務才會順利，因而走上靈修之路……這類型的人大多希望藉由啟靈、點靈認主讓生活更順遂，正因為這樣，非自我啟靈者在跑靈山時，多半會對宮壇主事者的靈修觀點、宮壇內流傳的神話故事深信不疑，較難去思辨正確與否。此外，這些人當中，有許多人都不具有自我啟靈的體質，跑靈山常常只是拿香跟拜，希望能藉此得到神明的庇佑。綜合上述兩個原因，心中有所求、想靠外力啟靈的人，很難在靈修路上有所成長。

靈修的心法——無欲亦是得，強求無所得

反觀在因緣聚集、心性成熟之下而自我啟靈的人，他們跑靈山、接觸靈修是為了解決元神的問題，或想深入了解啟靈的種種疑問，因此，只要在修行路上能遇到真正實修的老師，先天啟靈者大多較能在靈修路上有所領悟與精進。

然而，還是要提醒大家，靈修是否能有所成，老師只佔極小部分，最大關鍵仍是個人的心態。這幾年來，有許多人來找我教導靈修，那一雙又一雙充滿熱忱的眼，似乎不斷閃過「走靈修找宇色就對了」的跑馬燈字樣，卻不知道：當你總是有「我一定要成功」、「我一定要知道自己的主神」、「我一定要見到神明。」等等「一定」的心，幾乎註定進入不了神明的世界——別忘了，連結神靈的心須抱持平等心。

走靈修一定要學習等待心、平等心及無所求的心，進入靈修不是走進便利商店，身上有錢就可以買到想買的東西。反之，愈無求的心，反而得到愈多。每次遇到不具靈動體質的人希望我為他們啟靈並引領他們跑靈山、會靈時，我都予以婉拒，靈修畢竟是先天的無極法門，抱持隨順因緣、不強求的心是很重要的。事實上，任何修行都不應該過分強求，強求的心就是一顆不善的心，易吸引不善的靈、不好因緣，修行路上的考驗與問題也將特別多——切勿因為好奇或想要獲得神通，而忽略了靈修美景背後看不見的危機與魔性。

Q7

因為長期被鬼侵擾才想要靈修，但靈修了真的就能避開這種狀況嗎？

如果一開始只是單純的靈擾問題，應就問題本身解決，不建議將事情放大到修行之事。

許多人常會問到外靈干擾的問題，例如念經持咒是否會招來不好的外靈？身體久病不癒是不是冤親債主來找等等。

在臺灣民間信仰中，遇到外靈干擾時，人們總會習慣性地尋求外力幫助，例如收驚、吃符水、求神拜佛等等，我會簡單分享處理靈擾的不同方法和你所不知道的靈擾觀念，不論你相信或不相信，都希望你能以不同的思維及角度來思考這個議題。

一名個案說他這一、兩年來忽然很容易受到無形朋友的影響，雖然已刻意避免去陰地或私人宮壇，但因為本身從事業務性質的工作，難免要東奔西跑，就算在身上配了幾個平安符，仍常常需要收驚……

他想知道該如何才能改善這個狀況，是認命地不斷收驚，或是得等到塵緣盡且展開修行才能免除？

我告訴他，這個世界本就存在許許多多與人類共存的靈體，每個人遭遇外靈干擾的原因也百百種，靈界之事無法只以一種「理論」來判斷全部的問題。如果一開始只是單純的靈擾問題，應就問題本身解決，不建議將事情放大到修行之事。並非人人都適合走靈修，正確的觀念及態度很重要，若只是為了解決靈擾而開始走靈修，它所帶來的很可能是困擾，而不是禮物——因為一開始的靈修觀念與出發點就不正確了。

我進一步跟他分享瑤池金母的提點：「今生發生在我們身上的問題，一定有其因緣，就算今天我說你日後將不再受靈擾影響，你的內心還是不太相信，因為你已經認定自己的體質很容易受外靈干擾……」

瑤池金母這段話其實點出了一個重點：

你相信自己的內在力量勝於外靈嗎？

我進一步向他解釋：「正因為如此，才會讓這種事情反覆發生，要解決這樣的狀況，你必須不斷地告訴自己：『克服靈擾，我必須先改變自己的個性。』有一天，你將會真正了解到，外在靈擾並非全是以傷害人為出發點，而是為了提升你對無形及負面心靈的抗壓性。反過來說，因為你處理事情的方式或心態有時較偏柔性——例如優柔寡斷，所以你對『修行』這件事也會產生不確定或質疑。靈擾或常受無形朋友影響不一定都是不好的，一旦你能從內心開始培養起更堅定的意志力，就會感覺到靈擾現象變少了。」

瑤池金母更進一步提點他：「當你遇到無形靈擾時，是選擇甘於屈服在它們的力量之下，還是強壯自己內在的靈性力量呢？」

世界有惡與善嗎？有神與鬼嗎？當你過於依賴善的力量，內心必是更害怕惡的力量；當你過度放大惡的力量，也將無法提升善的力量。

Part 2

走靈修前，先搞懂自己到底怎麼了

雖然臺灣跑靈山的風潮已超過四十年，但靈修熱浪仍然在民間宮廟、宮壇延燒，且有向上發展之勢，當中除了靈修本身的神祕性、宮壇文化早就融入臺灣文化當中，而一些具知名度的通靈人、神職人員，更是靈修能持續在臺灣向前邁進的強大助力。

近年來，受到一些通靈與拜拜書的影響，人們一窩蜂的將人生中的不順遂，與點靈認主、接主靈、天赦地赦、赦因果等劃上等號。另有一部分的人，則是因為體質的關係不得不接觸靈修，原因多是容易對環境有所感應、卡到陰、靈擾或被宮壇主事者指出帶天命、要為眾生辦事等等，結果導致一大堆人在不清楚什麼是靈修的情況下，莫名奇妙困在靈修的迷陣中。

第二部就是要跟你聊聊「我的身體到底是怎麼了？」或許你可以在當中找出自己身上看不到的問題（當然最好是不要有問題啦）。不過，我還是必須再次澄清，靈修沒有一定的標準答案，我僅是從另一個角度來剖析問題，也希望讀者能以客觀的態度和思辨之心來看待。

宇色靈修空中教室——靈修為什麼容易精神出現異常？

常聽到通靈老師說靈輕，什麼是靈輕？靈輕的人真的比較容易遇到靈擾、卡陰嗎？

坊間常說的靈輕，大多指容易卡到陰、沖煞、鬼壓床、靈擾的體質。但我問事多年以來，瑤池金母幾乎沒有說過某一個人靈輕……

我的一位個案從小就容易見鬼，長大後事業、婚姻也都很不順，年過三十五仍無一技之長。過去幾年，她常會夢到一個男鬼，前往宮壇詢問，大都說這男鬼是前世的冤親債主。後來，她到臺中知名的松竹寺（膜拜觀世音菩薩）抽籤詩，連續三支籤都表示男鬼與她有宿世因緣。一夜，她再次夢到男鬼糾纏她，突然，一名女子現身在他們倆之間，大聲喝令男鬼離開，這次夢醒後，便許久不曾再夢見男鬼。她來請示母娘，是否真如其他通靈人所言，因為靈輕才招來靈擾、外靈。

坊間常說的靈輕，大多指容易卡到陰、沖煞、鬼壓床、靈擾的體質，反之，靈重意指不易受到無形界的影響。我問事多年以來，瑤池金母幾乎未提及遇到上述現象的人與靈輕有關係。母娘慈示，靈魂與一個人的心性有絕對的關係，唯一可以改變靈魂的方法就是改變個性，母娘進一步指出，一個人常被說是靈輕，其實是指此人心性較浮動、不穩定以及專注力不集中。坊間宮壇都會跟靈輕的人說：你有修行命要為神明辦事。我並不認為是如此，靈輕與辦事是兩碼子的事，而尋求收驚、問事、祭煞也不能改變靈輕，最根本的問題出在心性，徹底改變靈輕的唯一方法就是先改變自己的個性。

什麼是靈輕？聽看看瑤池金母怎麼說

母娘提到，靈輕的人都有以下幾種特質：

①耳根子軟，沒有主見，容易受他人影響。
②不懂得堅持自己想要的事物。
③不懂得拒絕他人對自己無理的要求。
④輕信他人的意見，沒有思考與判斷能力。
⑤對未知之事容易疑神疑鬼。
⑥沒有堅定的宗教信仰與中心思想。

⑦做事虎頭蛇尾，對許多事情都會搖擺不定。

⑧不注意健康，未有持之以恆的運動習慣。

留意到了嗎？當中沒有一項牽涉到鬼神、前世今生與冤親債主，卻全與心性有很大的關係。看看那些容易沉溺在宮壇、鬼神世界的人，是否多少都具備上述特質？至於那些大企業家、教授、宗教家或有成就的人，則很少聽過他們有卡到陰、靈擾等問題。

我跑靈修這麼多年，從來沒有遇過靈擾卡陰的問題，也不會動不動就幫自己收驚，說穿了，還是個性決定一切。母娘指出，容易遇到小人背後陷害、倒楣事不斷的人，也與上述心性有很大的關係，看似靈輕的人容易沾染不好的靈體，在運勢上也會特別不好。

靈輕，該怎麼辦？

針對靈輕的問題，母娘提出一個治本方法：**培養虔誠且堅定的正信信仰**。正信信仰能帶給人正面、積極、向上的力量，足以改變一個人的個性。信仰不是鎮日拿香拜神拜鬼，更不是逢廟宇、神像就拜；真正的信仰是了解它的義理，個性、生活、態度都奉行某一正信宗教❶的教導。就我所知，許多容易鬼附身、靈擾的人，信奉伊斯蘭教、儒家信仰或捨棄鬼神信仰後，就不再遇到卡陰事件，道理很簡單，這些信仰不談鬼神妖靈之說。

母娘進一步指示，信仰是將專注力向內收攝，透過信仰可以與仙佛產生相應的精神連結，能提升內在的靈魂層次，也因為正信的信仰有需要奉行的儀軌與戒律，可以徹底扭轉負面的心性，增強靈魂能量、提升運勢。

許多長期卡到陰、靈擾的人，口口聲聲稱鬼、魔的力量如何強大，就算跑了國內不下百間的宮廟、找過無數能力高強的人，依然夜夜被纏身。然而，根據我幾年的觀察，雖不擅自否定所有靈擾都是假性靈擾，但確實有更大部分人的靈擾與他們的觀念、態度、心有很大的關係。

給容易靈擾的朋友一個良心建議，若你常被說靈輕，先反省自己是否有前述八項問題，如果超過一半以上，建議你把問事、收驚、祭改的錢省下來，拿去健身房繳月費、報名瑜伽、游泳、有氧舞蹈、氣功——努力鍛練身體會比整天疑神疑鬼實際許多。相信你一定不曾見過愛曬太陽、酷愛運動、每日固定有定課❷習慣的人，整天在喊被鬼壓吧？

如果想要透過念經持咒增強元神能量、避免靈擾，不妨可以多持瑤池金母聖號：

「無極　瑤池金母　大天尊」

無極瑤池金母傳下的無極靈修法，以修練元神與元神金光為主，修持母娘聖號能降心魔伏鬼魅、運行體內元神金光，長期持誦能收攝三魂七魄、穩定元神。持母娘聖號前必須淨手、淨口，並內心自我反省過失與無知，透過反省強化心的收攝。持咒的當下，須不間斷觀想心口射出光明大毫光。

持誦母娘聖號結束，請念誦以下的迴向文：「願我心與元神合一，生生世世快樂、吉祥、平安，解脫苦難回歸寧靜，也願將今日持聖號所得到的寧靜迴向給家人、朋友，願他們跟我一樣快樂、吉祥、平安。」❸這是我每日所持的迴向，沒有宗教味也沒有任何的密法，迴向文並不是咒語，它是以慈悲心將願自己身心皆平安的心化成功德，祝福給身邊所有的人。誠如母娘所教導，靈修是先修持好心的力量，如果你連自己的心都顧不好，又如何讓身邊的人平安快樂呢？

❶宗教並沒有要涉入鬼神，宗教是指人與天地之間的連繫，包括了個人行為、傳統儀式、價值觀、世界觀、經典作品、朝拜聖地、道德規範或社會團體等形式（引用自維基百科）。

❷定課為佛教用語，是指每日固定早晚誦經念咒，後來坊間也常大量使用定課一詞，延伸為每日安排在固定時間做自修課程，這裡是指每日有固定的閱讀、瑜伽、運動等習慣。

❸迴向是指做一件發自內心有利於自己且不傷害他人之事，並將這一份心祝福給所有的眾生。例如靜坐、念經、瑜伽、打掃巷弄等都是善事，因此迴向內容並無固定的形式，大部分的人會以為迴向文是佛教專屬，其實迴向一詞非常中性，普遍適用於生活當中。因此迴向文是可以自由發揮想像，大部分都是以祝福自己為主，自己的心平靜快樂了，再將這一份心祝福給身邊所有的人。

Q9

我有敏感體質，很容易卡到陰，有老師說我帶宗教使命，應該走靈修。我根本不懂什麼是宗教使命，難道這輩子我一定要為宗教辦事嗎？

「你願將生命投入哪個宗教中？」「你願將你的靈魂與哪尊神明願力交換？」「你是對宗教充滿熱忱還是好奇、興趣？」遇到有人問此問題時，我都會問這幾句話引導他們反思。

粗略來說，體質可分為多陽少陰性與多陰少陽性。每個人都同時具有陰陽的特質，正常情況下是處於陰與陽平衡的狀態。當陰陽不平衡時，心理與身體便會出現警訊，提醒人們檢視身心、生活態度、飲食是否失衡，最明顯的例子就是生病——不論是身體或心理的疾病，都是一種陰陽失衡的現象。

所謂的敏感體質，就是身體與心理的陰性較明顯，這類型的人容易吸附到相同特質的能量場，例如負面的人事物（包含鬼魅）、常做惡夢、小病不斷等等。敏感體質與習氣有很大的關係，就我為人諮詢服務的過程中所見，一般人認知中的靈通體質、陰陽眼，絕大部分僅是心因性的敏感體質（陰性），稱不上具有靈通或天生陰陽眼。

敏感體質的人就一定有宗教使命嗎？

母娘如此回答：「臺灣人認為通靈人、敏感體質者都必須與宗教有所關係，然而真正在宗教上有所作為之人，是在宗教上有所實修後才開啟這天賦，當信仰力夠紮實時，才能不被這無形力量所操控。真正具宗教使命者微乎其微，那些通靈人、敏感體質者僅是視宗教為一種興趣、好奇與謀財工具，並非真正稱得上『使命』。」❶

何謂宗教使命？

母娘指示：「將靈魂投入宗教，願以生命交換信仰的宗教，此生宏揚宗教，永不退轉。」這句話隱含了兩個意思：

①哪一個宗教是你此生堅信永不移？

②你願意犧牲生命來宏揚宗教嗎？願意為宗教做牛做馬嗎？

母娘的意思是，宗教使命是真正願意在宗教上燃燒生命，將自身的一切奉獻給宗教，諸如西方的德蕾莎修女、中國虛雲大師、泰國阿贊多崇迪佛❷、泰國南傳佛教尊者阿姜查……像近代的佛光山星雲大師眼不能見、腳不能走，但只要需要他的地方，他一定不辭辛苦到場宏揚佛法，又像南懷瑾大師，臨終前仍掛心佛學與儒學。這些宗教大師都是從小就立定志向投入宗教，將一生的生命都奉獻到信仰當中，這樣的志向才是母娘所講的「願以生命宏揚宗教的光」，絕大多數所謂的敏感體質、通靈人只是對宗教有興趣罷了。

遇到有敏感體質的個案問此問題時，我會問以下幾句話引導他們反思：「你願意將你生命投入哪一個宗教中？」「你願意將你的靈魂與哪一尊神明願力交換？」「你是對宗教充滿熱忱，還是好奇、興趣？」

絕大多數的人是回答不出來的，因此，如果你也有此問題，不妨捫心自問這三句話，相信不用再全省跑透透、求神問卜，你內心多少就會有答案了。我並不是想在某些人頭上澆冷水，只是想要提醒人們：認清自己才不會被某些人的話語給綁架了。

❶ 這段內容節錄一位個案請示母娘關於天命問事內容，事後有他來信分享的故事，有興趣的讀者不妨可以上網閱讀。

❷ 泰國九大聖僧之首、崇迪佛牌創始人。

Q10

元神是新靈、原始靈，還是我自己？元神要修但我不想修，可以嗎？我根本不知道它是什麼，要怎麼修？

元神要修，我不想修，行嗎？當然可以，元神就是你，你就是元神，每一個人都可以當自己的心的主人。

在《瑜伽、禪定、靈修，一段不可思議的能量旅程》曾提及，印度瑜伽修練亢達里尼、拙火，或者是靈修派所謂的元神，雖為不同的名詞，但覺醒後都將發生不具有意識的自發性行為。當這股先天之炁被喚起，體內所有的能力也將被喚醒——包含靈通能力。

靈修人靈動、訓體、會靈，靠的就是元神（炁），與仙佛相應也靠內在的元神。當中較難被一般人理解的是：當元神被喚醒後，人類非常複雜的隱性人格也會被同步喚醒，然後產生一般人所見、好似有另一條靈附身的情形，但那其實是那個人的同一個靈魂。

元神喚醒後會參雜許多個人非常微細的念頭，若沒有修持非常強大的觀照力量，這些念頭並不容易被後天意識所了解。因此，你可以將元神稱為先天炁，卻不可以說它是一條靈，它並不是獨立於靈魂之外的靈體，一直與元神對話的人容易有精神分裂的危機。

現今靈修界出現許多令人啞口無言的修行法，像是拜自己的元神——甚至雕塑自己元神的神像、神位牌來拜，有人會為元神取名字，或稱元神為「他」，說「他」教導我靈動、「他」叫我如何如何、「他」會保護我不受外靈干擾、「他」是我的守護神等等，這其實是玩火自焚的無知行徑，會將人的意識（靈魂）與深層意識（元神）一分為二。

切勿在無知下做出這種自我傷害的事情，靈修是修練炁，也是修練元神與靈魂合一，前述行為是將元神分裂出去，成為另一個靈體，最終將使此人的意識分離，導致精神分裂。

靈修啟靈法是末法時期傳下的修練元神祕法

儒學大師王陽明的弟子——陸澄，向老師請教何謂元氣、元神與元精（精氣神），王陽明解釋說：「這三者是同一件事，運行就是氣，凝聚就是精，巧妙運用便是神。」❶以精化氣，以氣化神，此路徑便是在鍛練先天炁，修練之人身體強健、心性平穩、意識清明，使得身體前後的任督二脈與中脈通暢，炁再通頭頂元神，此時便能在有意識之下出元神直入靈界空間，與仙佛會面。古書中常見古人提及陽神是人體精、氣、神之相合，混為一丹之結果，此丹便是指元神，也就是我在《我在人間的靈修迷藏》提及的「真元」。元神的覺醒將消弭貪愛、欲望，古人以練炁達到修心養性，此過程看似簡單，實則費盡相當精力與時間才能修練而成，須以服丹、辟穀（禁食）、食氣來練先天炁，再配合純淨天然的環境，所以常有古人深入無人山林之境、山洞，苦修數十年，辛苦程度非現代人所能想像。

修練元神與飲食有很大的關係，少吃大魚大肉、忌吃冰品、生活作息規律是必備的基本條件，此外，現今環境不如遠古，走靈修勢必會更加辛苦。母娘慈訓道：「古法練炁修心，不僅著重於身體，更需先天的環境配合，現代房屋皆是冷氣房、鋼筋水泥及電器用品，不適合做為練炁場所，往往花費了更大的定力與時間，仍不見效果。」

現今是末法時期（末法並非指世界末日、地球爆炸，而是指人心不古、世界局勢混亂），要尋求平靜已相當困難，再加上有心人士的操弄，如今的靈修界更顯混亂不堪。無極瑤池金母在花蓮初降的先天啟靈法，是一套逆覺式的修練法，古人先修後覺醒，先天啟靈法則先覺醒元神再走入修練。由於是先喚醒一個人的先天意識、元神，因此許多人在自我啟靈後，身體也都會啟發靈通能力、預知夢、靈療、收驚，甚至窺見靈界的能力。這在古時候，是煉精化氣數十年後才自然而然產生的能力，但現今人們少了這一大段實修就突然有此能力，在缺少智慧與定力的情況之下，不僅容易浪費了先天能力，更常會因為聽信宮壇、網路上以訛傳訛的說法而走偏，甚至精神異常。

雖然先天啟靈法是仙佛憐憫世人慈降的先天法門，卻非每一個人都適合，瑤池金母也曾言道：「智慧難修，缺少智慧，靈修法非寶是禍，難以持之。」

元神要修，我不想修，行嗎？

人的靈魂複雜且具多元意識，一般人覺知到的感受是在表層意識運作，元神則是在深層意識底下，靈修人的靈動、靈語、寫天文，其實是屬於深層潛意識底下的運作。當你了解到這一層關係，便能理解一些靈修人所謂的「我的元神一直說要修，但我根本沒有感覺」的問題出在哪裡，那就像做夢一樣，一顆未清明的心怎能察覺到夢的深層意義？夢除了反應身體的覺知外❷，更隱含著現實中未盡之事，但一般人對自己的潛意識並不了解或未曾深入探索，所以不認為夢境其實反映了現實。「沒感覺」只是表意識沒有意識到，每一個人（沒有例外）的深層意識中都是想要離苦得樂，走向心的解脫。「元神想要修」這句話是反應出我們內在未被覺知的意識，我還是那一句話：**元神不是獨立的一條靈，它是反映出我們內在未覺知到的深層意識**。如果你此時此刻此生不想修，當然可以，就算與內在意識（元神）拉扯也是一種修行，每一個人只要為此生負責即可。

❶請參閱《傳習錄》上卷四十。原文——問仙家元氣、元神、元精。先生曰：「只是一件，流行為氣，凝聚為精，妙用為神。」

❷例如睡覺時想尿尿卻憋著而夢見找不到廁所。

啟靈的人若沒有繼續精進修行而導致敏銳度降低，會變回正常人？

啟靈後若沒有把握兩至三年的黃金期，能力一般都會減弱或消失，所以建議要好好把握這段時期，實修精進；另一方面，若能力真的消失，也甚少人再回歸正常人的生活——已嚐過「異於常人」的滋味（不論好壞）很難再走入平凡。

人們因為元神（靈）的覺醒，才有該不該走靈修的選擇題。啟靈，除了有自我啟靈與後天啟靈外，針對啟靈的程度，還區分成非常多的層次，然而，真正能夠元神❶帶動靈動的人，其實相當稀少。有這樣體質的人，大部分都具有相當的感應、預知與靈療能力，其中有許多人更是能夠感應到仙佛的訊息，然而要注意的是：

①有這類體質的人，初期都會有一般人眼中的靈通能力，如預言、靈療、祭改、捉妖……但

在沒有持續精進、也沒領悟出適合自己的修行法之下，這些能力大約會在三年左右開始逐漸下滑，甚至消失。在《我在人間與靈界對話》中提到的小相，初啟靈時能夠靈療、看見無形鬼魅眾生、寫下轉世因緣的天文，這些能力至今已全部消失，就連基本的靈語、靈動也不復見，他不是唯一更不是首例，我見過不少急於出來為人辦事的靈修人，因忙於處理宮壇大小事而沒有實修，最後都是靠身旁的弟子在處理信徒的事情。

②元神甦醒至一定程度的人，在初期能力堪稱相當好，坊間許多沒能力又喜歡斂財的宮壇主事者相當喜歡利用這些人，初啟靈者涉世未深，很容易因此被當成斂財的工具，二至三年後若能力逐漸消失，就會被宮主屏棄，重新換過另一批新人。

③找到正信修行與精進方法的人，能力會逐漸跳脫預言、靈療、祭改、捉妖、辦事等屬於太極界能力的範圍，元神會將能力帶往更高一層的無極界層次。

許多宮壇宮主的靈修經驗來自於偏聽偏信及觀摩其他人，我還聽過不少宮廟將我的靈修著作當成上課教材；他們廣收會靈動者，以宏揚無極法、帶天命渡化眾靈之名，收取大筆金錢帶人四處會靈、接無形寶、超渡祖先靈……靈修路上充滿誘惑，不善心與沒有真正實修的宮主甚多，切勿因此淪為他人斂財的工具，也務必把握靈修初期兩至三年的黃金時期。

❶在這裡避免讀者誤以為是一個獨立靈體，此時不妨將元神視為先天炁。

Q12

我可以看到元神原貌嗎？

每個靈修人都有一個黃金時期，在這時期內，只要用心，都有機會深入靈修，甚至一探自己的轉世因緣，只是大部分人都白白錯過了。

我曾在《我在人間與靈界對話》提到，自己初期靈動時曾親眼看見自己元神的原貌，於是，有些宮壇人、通靈人便謠傳我接了看到元神的旨，才看得到元神原貌。

事情當然不是這樣！

人不能將自己做不到的事情，通通推給看不到之事，這是自欺欺人。靈修人在靈修路上所經歷的事情，是一種契機，也可以說是神明點化，是可遇不可求的。重要的是，你很用心嗎？每個靈修人都有一個黃金時期，在這段時期內，只要用心，都有機會深入靈修，甚至一探自己的轉世因緣，只是大部分的人都白白錯過，或是浪費在人與人之間不必要的流言蜚語之中。

我很慶幸自己靈修初期雖然身處怪力亂神的環境中卻沒有受到干擾，每一次靈動必定是二至三小時以上，我的靈修祕訣就是——專一、專一、專一，別無他法。

每一個人都有機會看見自己的元神樣貌，我並沒有特別崇高或與眾不同的天命。對我來說，靈修沒有什麼天命，就只有用心與專注，以及一顆對神明抱持信任與虔誠的心。

切記，不要搞東搞西、腦袋鎮日胡思亂想，專一才是不二法門。在這邊分享一個方法，給有心想一窺自己元神原貌的讀者。

在仙佛神像前——建議是在傳下靈修法的母娘前——靈動，心中默念：「請堂上主神幫忙，如果我的因緣已成熟，請在我靈動時，讓我直觀元神原貌，藉此堅定我對靈修的心，一心永不退轉。」默念完後便開始靈動。**切記，靈動時務必將所有的身分、思緒、期待通通拋到頭後，將專注力一心一意投入靈動當中，這雖然非常不容易做到，卻是唯一能夠見到元神的路徑。**若因緣成熟，有緣仙佛自然會在你靈動時，帶領你的靈魂與元神合一。

Q13

初啟靈時常感受到體內一股強大的能量亂竄，那是什麼？

所謂的「感受到體內一股強大的能量亂竄」，便是炁運行人體左右脈與中脈的緣故。

啟靈後，體內的元神覺醒會帶動全身的左、右脈及中脈❶，這就是靈修法門奧妙之處，在古印度瑜伽修法中稱譚崔或喚醒拙火，所謂的「感受到體內一股強大的能量亂竄」，便是炁運行人體左右脈與中脈的緣故。

要注意的是，沒有老師的教導，以及不熟悉身體經絡、呼吸法與靜坐的人，若對靈修觀念又有所曲解，啟靈後便很容易讓體內的炁亂竄，以致走火入魔、精神分裂、幻聽，或是導致身體發生靈光病（俗稱靈逼體）的現象。靈修人切勿輕忽啟靈後出現的後遺症——尤其是已具有靈動體質、滿腦子濟世渡俗、拯救靈界蒼生、斬妖除魔等活在神鬼世界的人。

法國介紹喚醒拙火的書——《靈蛇熱力》記載到：「**凡是在沒有可信賴的導師指引下**

而嘗試去做這件事的人——在西方幾乎是不可能的事——將會發現自己有如在充滿藥物的藥局裡玩耍，或是如同帶著點燃的蠟燭走進了煙火工廠。任何一個試圖這麼做的人，將會面臨無法治癒的心臟疾病、慢性的骨髓疾病、性功能失調和神經錯亂。」

不論是古印度瑜伽、西方隱修主義、中國的道家，都用了不同的名詞來解釋與靈修很相近的啟靈現象，並提醒人們勿在不熟悉的情況下自行摸索啟靈法。在你踏上靈修旅程開始訓體、感受到體內能量，或是想要以靈修為自修法門時，千萬不要只靠相關書籍以及以訛傳訛的網路文章，就算在家練習自修，最好還是能找一位在靈修、練炁上有實修的老師，此外也建議想走靈修的朋友，平時須多多涉獵中醫養生學、經絡、瑜伽、氣功等，將有助於了解元神所帶來的能力與現象。

❶ 想要進一步了解左右脈與中脈的讀者，敬請參閱我的另一本著作《瑜伽、禪定、靈修，一段不可思議的能量旅程》。

Q14

乩童被神明捉乩也會有靈逼體！原來它不是靈修人的專利？

乩童與靈乩大多經歷過一段不可言喻的神祕經驗，不論是神明捉乩、靈逼體或遇過一些特殊的奇幻經歷，通通都是走入「乩」的世界前的小序曲。

我們先來談談乩童。許多乩童在成乩前會經歷神明捉乩的階段，要成為一名靈乩不一定會經歷捉乩，卻有不少人在走入靈乩前經歷過靈逼體的身體反應❶，前文提到一位自我啟靈的個案，困擾她將近二十年的無名病就是靈逼體的一種。有一些乩童在成乩前也曾發生與靈乩相同的靈逼體現象，不論是神明捉乩或是靈逼體，都可以視為一種神祕經驗（或密契經驗）。

在王雯鈴所著的《臺灣童乩的成乩歷程——以三重童乩為主的初步考察》裡，記載了一個乩童成乩的真實故事：「楊女士今年六十二歲，已經為人祖母。她十多歲時離開家鄉彰化，北上到三重發展，以裁縫為業；二十歲結婚，丈夫現在也在廟裡服務，略能通靈，能『感受』鬼神的存在，能從觀人氣色而知其身心的健康狀況。她的身體原本還算健康，卻突然患了高血壓及足部痠痛，甚至足痛到不良於行，訪遍中、西醫都無法治癒，也診斷不出任何致病原因。足疾困擾她和家人整整一年，直到聽說住家附近的某廟神明頗為靈驗，遂在家人的陪同下到廟裡接受『靈療』。靈療指靜坐等待神明進行醫療，靜坐者可感覺有『外來的力量』牽動自己的肢體，而旁觀者會看到靜坐者以手輕撫患疾處。楊女士在靜坐中向神明祈求病癒，神明卻突然附體，並於十天內將她一年多的足疾醫癒，更要求她成為神明的乩生，說她『帶有天命』，註定要為神明服務。」❷

就我個人所遇過的真實案例來說，乩童與靈乩大多經歷過一段不可言喻的神祕經驗，不論是神明捉乩、靈逼體或遇過一些特殊的奇幻經歷，通通都是走入「乩」的世界前的小序曲。重點不是你願不願意為神明辦事，而是你如何看待這件事。你必須對身體與生命重新定義，才能改善無名病——不論這現象被定義為靈光病、靈逼體或神明捉乩……你只能重新調整飲食、生活作息，才能慢慢去化解它。

現代宮壇文化已從早期的乩童走入靈乩時代，我認為，就算遇到靈逼體，要不要成為乩童或靈乩，我們自己還是有相當的自主權。我就遇過一名七十多歲的女學員，十三、四歲時就是名乩童，常被人以異樣眼光看待——畢竟女乩童在當時的環境還不算普遍，何況外靈附身時，當事者處於無意識狀態，無法控制自身的動作。之後她努力調整，終於在許多年後成為一名靈乩，不再讓外靈附身辦事，目前只會偶爾在自家為人辦事、收收驚❸。

在近年來的問事中，我常遇到一些曾在多年前發生靈逼體現象的人，他們不想成為乩童為神鬼辦事，卻又被宮廟恐嚇得不知所措，但經母娘提點將重心轉移到運動、練氣功、吃中藥、改善生活作息後，靈逼體的現象慢慢得到改善，終能擺脫神神鬼鬼的世界。

❶ 或稱為靈光病。
❷ 整理摘錄取自《臺灣童乩的成乩歷程——以三重童乩為主的初步考察》，王雯鈴，輔仁大學宗教學系。
❸ 她的故事會在後續的文章中再提起。

Q15 靈乩與乩童大不同！該如何分辨兩者的差別？

「靈乩」是以修練身體的脈輪、中脈、元神為主，靈乩的一生都是以修練為主、辦事為輔，而乩童則是透過外靈附身為外靈辦聖事為主要，較少去談及身體與炁的修練。

如果你想走靈修，我會建議你找一名以靈修為主要修行方式的靈乩，較不建議找乩童或通靈人——並不是乩童與通靈人不會教靈修，而是受過訓練的靈乩經驗較豐富，也較能從過來人的角度指導後輩（想要成為一名心性獨立的靈乩，心境上的轉化、觀念的釐清是相當重要的功課，常需仰賴同為過來人的靈乩給予指導）。

靈乩與乩童兩者之間差異頗大，讀者千萬不可以混為一談。

乩童修練是將身體與心完全開放，將本身靈魂意識降到最低，外靈才能夠進入，至於外靈的靈格純淨度，則取決於乩童本身坐禁❶時的身體精進及靈魂純淨程度。

有時候，乩童在坐禁後不僅能夠讓外靈上身，同時又兼具通靈人的體質，在神明未上身時能夠隱約察覺到神鬼的能量——大部分的乩童只有在神明上身辦事時才具有不可思議的能力。

靈乩則是以練炁通中脈、啟發靈魂與元神合一為主要，待元神完全甦醒後方能接應仙佛靈氣[2]。靈乩大體上介於通靈人與乩童之間，即可以轉換元神意識接引仙佛靈力，也可以傳遞神明訊息[3]，但在神明未附體的情況之下，又具有超越人類肉體與意識的特殊能力，例如閉眼能觀前世、雙手能靈療、能直觀一個人身上的氣場能量等，雖然上述這些都統稱為通靈能力，但必須要特別說明的是，通靈層次並不算太高，更不等於實修後的神通境界。

靈乩另有一處與乩童更加明顯的差異，就是在為人們辦聖事時，不用像乩童一樣陷入意識半昏迷狀況，也無須像乩童一樣操五寶、穿著降乩時代表某神明的衣服，因此在沒有仔細觀察之下，靈乩的外表與一般人其實沒有太大的差別，大腦的意識也相當清醒。

靈乩與乩童看似相同，其實卻有很大的差別，但兩者都可以通稱為靈媒，也都具有古早薩滿（Shaman）的色彩——人類學家常稱靈媒為「薩滿」，這是來自西伯利亞的通古斯語，意思是「精神恍惚的人」。「薩滿」是人神之間的媒介，通常可與神靈或鬼魂對話，或者讓神靈附身發言[4]。

民間信仰中的靈修，是訓練靈修人成為一名靈乩，實際上卻常因為乩童與靈乩不分，將訓練乩童的觀念及民間神鬼信仰拿來當成靈修的教材，燒金紙渡化冤親債主、拿令旗訓體、操五寶、耍五方旗、教導靈乩赦因果、祭改附在靈修人身上阻礙靈修之路的鬼靈，或是至全省各地山頭、海邊、河川渡化冤魂、斬妖除魔累積功果等等，以上種種儀式已經融合了道教、乩童與民間信仰，與靈乩在修練元神上的關係並不大。這些神鬼信仰及追求外在神通的修練形式，均與走向內在之路修心練炁毫無關係。

簡單來說，「靈乩」是以修練身體的脈輪、中脈、元神為主，靈乩的一生都是以修練為主、辦事為輔，而乩童則是透過外靈附身為外靈❺辦聖事為主要，較少去談及到身體與炁的修練。

❶坐禁是成為一名乩童前的訓練過程，坐禁內容端視前輩或神明指示，例如有人是在神桌下或暗房打坐閉關不見天日，時間短則七日，長則十四日或四十九日不等，這段期間僅食用水果、水等，有一些人會在這七日內念誦神明所指示的經咒，因此坐禁沒有固定的形式。近年來，有一些宮壇在訓練靈修人時也會挪用乩童法的坐禁當成訓乩的一種形式。

❷有興趣深入了解靈乩與乩童之間的差異，《我在人間的靈修迷藏》有更詳盡的說明。

❸外觀會類似乩童附體，但意識層面卻保持清醒，因此外人在此處常將靈乩誤以為是乩童。

❹取自〈基督教與中國文化（十一）〉——「靈媒、童乩與女巫」。

❺靈魂之外的靈統稱為外靈，鬼與神皆是外靈。

Q16

為什麼神明入乩童身體時都會前後晃動、作嘔，靈乩為神明辦事就不用呢？

靈乩的身體、心理在經過嚴格的煅身訓體、靈動後，能排除體內穢氣、強身健體，此時會完全擺脫舊有的身體與心理，脫胎換骨，如此純淨的體質便能與較純淨的靈能量趨近，日後在辦聖事時，也就不會再出現搖頭晃腦、全身不自覺晃動的現象。

乩童在神明降駕時常出現搖頭晃腦的動作，而靈乩幾乎不會出現這樣的情況，所以一般人常以這樣的動作來區分乩童與靈乩。雖然靈乩在辦聖事時不像乩童一樣出現很大的動作，但以我個人經驗來說，成為一名靈乩前的靈動❶、訓體，與乩童被神明附身時的搖頭晃腦、全身不自覺抖動都是一樣的道理。

靈乩的訓體是為了讓體內的元神能量從丹田向上攀起，這個過程稱為煅身。因此，靈動、訓體常會出現不自覺地轉圈圈、嘔吐、地上翻滾等動作，其目的就是為了誘發體內元神能量的甦醒，更進一步來說，就是在淨化靈乩身體與心理能量，讓身心達到與仙佛相近的能量體。

當中較危險之處，是靈乩訓體必須在無念的心志下進行修練——「元神」的特質是專一、純粹、無慮、不帶任何的雜念，然而，坊間道場、宮壇在訓體時常有老師、同修、師兄姊在一旁鼓吹，伴隨太多不必要的雜音，讓靈修人的心志難以保持靜定，這也是許多靈修人的靈動會出現假靈動的主因。

靈乩的身體、心理在經過不可計數的嚴格煅身訓體、靈動後，能排除體內穢氣、強身健體，此時會完全擺脫舊有的身體與心理，脫胎換骨，如此純淨的體質便能與較純淨的靈能量趨近，日後在辦聖事時，也就不會再出現搖頭晃腦、全身不自覺晃動的現象。成為一名正式借體給外靈的乩童也是相同的情況，只是訓練的過程大部分都不用經過跟靈乩一樣的靈動與訓體階段，而是在神明挑選後進入七七四十九天的閉關，透過茹素、坐禁、過火、開口等訓練而達到人神合一，其目的同樣是達到身體與心理的純淨。

靈乩的成乩完全不同於乩童，有時神明會在靈乩訓體時傳下許多的無極辦事法，這裡分享一段研究靈修的論文中，靈修人在成為靈乩前的訓體故事[2]：

我每日要訓乩三遍，分別在卯時、子時、午時，所以早上五點、中午及晚上十一點都要準時靜坐訓乩。所謂訓乩，除了啟靈練身，還必須學請神咒語、消災解厄的咒語、安神位及開光點眼方式等，以備日後辦事之用，並學習如何說話，為人解答困惑。其餘時間就在房裡翻經書，雖然我不認識字，但翻著翻著竟也有些了解書中的意義，有時也聽得到一些聲音指導我，只要有信心、堅定的心，就有辦法得到這個果。

……最後的八天，我必須到後山無人山洞修行。師父請人準備一個睡袋，一個裝日常用品的黑袋子，然後臺中一位師兄和師父（千代師姑）把符打到我身上，我就暈暈的跟他們上去了。走了四、五十分鐘，終於到了無人的山洞。去時師父有做八粒藥丸，約像拇指這麼大，告訴我洞裡有仙水，要我一天一粒配洞裡流下的山泉水吃，師父說：「妳要在這訓練八天，我會派護法照顧妳。」我的護法就是蛇，那條蛇像我的腿這般粗，每日都和我一起睡，牠的頭和我的頭靠在一起，我總是在黑暗中抱著牠冷冷的身體睡著。……原本我訓乩須七七四十九天，但師父擔心我身體承受不住，加上農忙時期有工作在身，怕我起煩惱心，同意我分批訓乩，因此第二次再到花蓮訓乩十六天，第三次要二十五天，由於分次，所以要超過四十九天，就這樣一步一步完成訓乩的歷程。[3]

雖然靈乩並沒有嚴格要求要像乩童一樣要坐禁閉關，但我在成為一名靈乩前，幾乎每天下班後都會到共修佛堂獨自一個人請母娘教導訓體，連續二至三小時不間斷，直到領悟如何轉化意識喚醒元神（又稱真元）。在訓體修練過程中，我掌握了火呼吸法、靈音轉換意識，以及母娘教導我如何以靈音喚醒他人體內的元神意識，直到親睹自身的元神為止❹。因此，不論是乩童或靈乩，都必須經歷身體的修練，靈動煆身初期是在淨化靈修人身體的純淨度，達到後天靈與先天元神的合一。

❶靈動與訓體就外相來說是相同的意思。細分來說，訓體是有神明教導，而靈動純粹是體內元神能量驅使帶動身體的反應。

❷這則故事較為特別，初期是由一名百年前日本皇家公主的靈附體辦事（乩童），透過靈乩訓體而成為一名靈乩。

❸《慈惠堂妙善公主與靈乩玉慈共命關係之敘說研究》，張麗萍，南華大學生死學系碩士學位論文，p66。

❹此過程詳細地記載在《我在人間的靈界事件簿》。

Q17 什麼是朝代靈？我必須修朝代靈才能夠復古收圓嗎？

不論過去生為何都已成過去，過去未修盡的心也就是今世的心，靈修何必回頭自找麻煩，卻不去面對眼前的問題？

復古是指回歸古樸之心，而今世修持圓滿的靈子按其功果回歸先天本位即是收圓。根據研究考證，復古收圓的說法出自於明末戰亂的民間信仰，當時有心人士透過戰亂時期的人心不安，以宗教力量廣傳復古收圓之說，企圖拉攏人心、推翻當時的朝政；以末法時期眾靈子之母親瑤池金母思念靈子，來勸說眾靈子省悟，重返瑤池仙境靈脈歸宗。許多人都以為復古收圓是瑤池金母信仰最重要的核心精神，其實它與母娘的靈修一點關係也沒有——想了解其脈絡可參閱《我在人間的靈修迷藏》。

至於朝代靈，其傳說一直在宮壇間流傳，由於說法眾多，在此我僅以自己的親身經歷來分享。

每個人的元神不僅有自己的潛意識，同時還有過去世的記憶，這些潛藏記憶會在靈修人跑靈山會靈、煅身訓體與靈動時幻化出來，這些表現出來的人格特質，便是一般人口中的朝代靈。前文提及，早些年有一位七十多歲的女學員來上我的「靈修・覺醒旅程」課程，在我轉換元神意識與她會靈時，她意外地以靈語說出我過去與她在靈界的種種，過程中，她的神情一下子宛如孩童以日語唱出童謠，一下子又轉換成威嚴的性格用靈語與我對談。我轉換元神意識後聽懂了她的靈語內容，當中隱約透露出她曾在天界一個名為「百花庭」的地方修練，並且曾拜師九天母娘……這樣的一個過程，就是女學員的朝代靈（人格特質）被喚醒，而在靈動中聽到自己的元神述說過去生在靈界的種種、主神之事，以及為何來到人世間，靈魂便對今世的看法有不同的轉變——這就是實修。

聽不懂嗎？再舉一個真實的故事來說明：

某年「靈修・覺醒旅程」進階班課程上，兩位女學員回流上課，兩人平時沒有私交，也從未與彼此會靈過，只有在我一年舉辦三次的神明祝壽時才會碰面。那次我在請示母娘後刻意安排她們兩位會靈，一旁的我明顯看到兩團炁在兩人之間流動著，兩人的靈動肢體順應炁而動，看似跳舞又似打拳。我轉換元神意識後進入到那交流的炁中，一道感知訊息立刻出現，讓我了解她們過去生的因緣：兩人在天界已熟識，相約轉世來到人間修行，體驗婚姻中的心酸、苦難與快樂，在愛情與家庭中磨練心性。事後印證，她們在當下也確實有我所言的那種熟悉感，而這個過程就是她們幻化出過去世的朝代靈回溯當時的過往。

朝代靈的絕大多數傳說都不脫離：將過去生未修圓滿的靈修好，才能走回復古收圓之路。對這一句話我並不完全認同，不論過去生為何都已成為過去，而過去未修盡的心也就是今世的心，靈修何必回頭自找麻煩，卻不去面對眼前的問題？任何一個正信宗教、精神分析都沒有要教人回頭去修未圓滿之事，南傳佛教尊者阿姜放曾說：「還好人們憶不起過去生的事，不然今生就永遠沒完沒了。」看到了嗎？今世的財務、感情、人際關係、身體、家庭事都沒完沒了，還想回頭去修那死無對證的過去生？

每一世未修好的心性，在今世必定會有因緣讓我們去認識它；上輩子未盡到的功課，今世必定逃不了，今世的愛情、婚姻、工作、財運等，全與我們的心性與課題脫不了關係，人應該要活在當下努力調整自己的心。我在走靈修時，確實親眼目睹好幾次當事者過去生的記憶以靈體方式呈現，但那些呈現出來的靈體仍舊是他本人不可分割的一部分，就好像進入到深度催眠狀態述說過去每一世的種種，你不能說那些都是朝代靈——不論是元神、朝代靈、轉世靈，都是你生命的全部。

朝代靈如何才會出現？

看到以上兩則故事，你一定會感到心癢癢，也好想讓累世的朝代靈出來吧？近年來坊間常能見到某位通靈人說你的朝代靈是什麼、你的朝代靈說了什麼……然而這些並非事實，朝代靈必須是一個人完全進入到靈動狀態後才有可能發生，但如何發生？又為何發生？沒有人說得準。朝代靈現象是為了讓當事者認清某件事，至於是什麼，則必須回到當事者當下的感受。我想表達的是，**覺知是神、是觀照、是力量，而盲從是魔**，你想在靈修上有所精進，必須保持相當敏銳的覺知與觀照力，走在靈修路上，應該發生之事會在因緣成熟時發生，無須強求。

關於靈的各種說法，大部分都是以訛傳訛、捕風捉影的傳言，靈修人切勿輕信而迷失了心，不管坊間如何去詮釋它們，重要的是經驗實修與印證，這比別人說什麼更重要。

聽說帶天命的人背後有插無形旗子？

每一個通靈人都自有一套解讀靈界的方法，但就靈修的角度來看，並沒有「帶天命者背後插無形旗子」的說法，我也從未看過有人身上揹有任何無形旗。

坊間宮廟流傳著，帶天命的人身上都會揹著無形令旗，這幾年來常有人問我：「宇色，你有看到我身上的令旗嗎？」「帶天命」一詞其實只是對某種宗教強烈的使命感與認同，我很難想像帶天命的人揹著令旗滿街走的畫面。

每一個通靈人都自有一套解讀靈界的方法，但就靈修的角度來看，並沒有「帶天命者背後插無形旗子」的說法，我也從未看過有人身上揹有任何無形旗——倒是看過有人頭上有一條無形線。

一位在大陸經商有成的大老闆，在自己的工廠內安了一間小小的神壇，公司、家中的任何大小事，他通通以擲筊的方式請示家神。這位家神的靈驗事跡無數，吸引了許多人前去膜拜，他也在擲筊與神明溝通多年的過程中獲得了頗多心得與問神之道，因此開始協助他人擲筊問神。漸漸的，由於前來膜拜的人愈來愈多，他只好在臨近工廠的一方土地蓋一間上百坪的廟。

這位老闆來我的工作室問事時，我從他身上感應到一股強大的靈力，這種靈力只出現在一種人身上——對神明有堅定不移的信仰力和願力的人，這代表他對神明非常虔誠，超乎常人能想像；這種靈力很少人有，只要有這種靈力出現，不要說是擲筊問事的準確度，就連來自神明的訊息，也能在生活中透過許多種方式獲知。

我在《靈驗2‧我在人間發現拜拜真正的力量》提及九天母娘的一句話：「擲筊，有**神的旨意，但也有不可測的機率。**」意思就是，你不可能拿起兩塊木頭就能得到神明的旨意，那麼，要在擲筊過程中真正獲得神明的旨意，有更大的因素來自於「個人的堅定虔誠心與對神明不動搖的信念」——這就是我在這位臺商身上看到的靈力。

現代人相信擲筊就能得到神明的幫助，寧可花時間去研究該如何問、如何更準確的擲筊，也不願去培養一顆對神明的堅毅心；有太多人相信點靈認主能使人生一帆風順，但一講到虔誠心，就考倒一堆人。然而，這位大老闆一出現，我便很清楚地感應到他身上有一條靈力直達天庭，我因此判斷，他的擲筊之所以準確，並不是因為他很會問，而是出自於好幾年來培養的虔誠心——靈力。

對民間信仰、鬼神、靈修有興趣的人，都習慣將一些無形事物套在自己身上，我在網路上分享了這位大老闆的故事後，就有個案在預約問事時迫不及待地問：「我有像你寫的那位大老闆一樣，有一條通天庭的天線嗎？」卻很少遇到讀者會問：「你覺我對神明的虔誠心夠嗎？」「你覺得我很努力在生活嗎？」

關於帶天命者背後插無形旗的說法，不可能套用在每一個人身上，不同的人就有不同的因緣，更何況通靈跟帶天命沒有太大關係，大家其實不必探究這種查無對證的論點。

我想提出另一個破題的觀念：如果有宗教天命的人身上有揹無形令旗，那麼，今世有政治、教育、環保天命的人，身上又會揹什麼呢？我相信這世上絕對不是只有宗教天命最特殊，世界上的每個領域都有人默默地付出，有宗教天命者更不可以抱持高人一等的心態，瑤池金母曾言：「世上每一個人都有屬於自己獨特的使命。」靈修人更應認清自己身為人應盡的本分，光是看清這一點，就已經相當了不起了。

每個人都希望自己高人一等、帶天命，卻不知道也有連通靈人都看走眼的假天命？

走靈修後，生命中暫存的苦開始重獲釋放，可怕的是，當這些來不及平衡的苦與不切實際的神話故事結合後，就是元神意識開始分裂的開始……

一次收到個案的來信，說他擁有特殊的神奇經驗，受嚴重靈擾多年，說無數通靈人、乩童都直指他帶特殊天命，日後必將引領臺灣眾生通向更高層的靈性生活。他曾預約某位女通靈人，詢問關於帶天命一事，女通靈人對他的天命頻頻稱奇，再加上她有音樂背景，還表示日後她將與他一起合作，發行驚動華人世界的音樂創作❶。他說他多年前就曾寫信給我，直到不久前才收到我的回覆，當下全身竟如同被火燒一般難耐，於是又寫信提醒我，說這是上天的警示，凡是過問他的事情的通靈人均無好下場，那位女通靈人也在事後受到外靈干擾而身體出問題。

我對他的故事感到好奇，因而接受了他的預約問事。碰面的當下，便直覺此人的心理與精神有些狀況，他拿出一張頗有年分、已近破爛的黃表紙，上面是某位乩童所寫的神降詩句，直指他如何與眾不同。他開始滔滔不絕，絲毫沒有我能見縫插針的機會，同時間，母娘簡單地告訴我：「他曾受的苦難太多，壯大志氣難伸，人生苦尋不著伯樂，心火上身，氣鬱難消。」

母娘的話已很清楚說明他的問題——一個人的身心嚴重受創不平衡時，靈性、精神也都間接地幻化出各式各樣的假象經驗，套句榮格曾說過的話：「當被釋放的潛意識內容沒有採取適當的保護和預防措施時，就有可能導致危險的後果。因為它可能會壓倒意識，使意識崩潰，引起嚴重的後果，甚至會導致精神錯亂。」

當我反問他：「你的工作如何？你的生活還好嗎？」他頓時瞠目又結舌，不知如何回答，或許他遇過這麼多的靈媒當中，從未有人問過他身而為人的基本心理需求：「你快樂嗎？」

他急急地回覆我，在家待業多年找不到工作，正與某人談論音樂創作，日後將在臺灣推出最大的電影與音樂創作……是假是真我並不是很在意，但他口中的靈擾，其實是心中多年氣鬱難消，積壓在心頭所引起——過去的「心苦」沒有得到平衡與化解，就只有往大腦產生幻相才能得到平衡了。

榮格在《未發現的自我》提及一個重要觀念，人在青少年時面對生活的種種壓力（例如經濟、生存、社會認同等）而無法平衡時，精神力量會自動進入保護程式，讓一些不被認同與釋放的想法限制在狹小的大腦中，那些隱藏的心事不會消失，只是暫存起來而已。走靈修後，這些暫存的苦開始重獲釋放，可怕的是，當這些來不及平衡的苦與不切實際的神話故事結合後，就是元神意識走向分裂的開始。

這位個案帶天命嗎？在母娘的教導下我相信：每一個人都帶獨一無二的天命，**銜接天命前你必須先化解心中的苦、平衡生命**。至於那些乩童、靈媒、女通靈人為什麼均說他帶天命、靈擾是外靈所至，以及每一位處理過他的人都感受不適或罹患重症呢？說穿了，病毒會傳染，話語的催化作用也會對心理產生傳染——只要你相信，就會有感應，靈修的奧義之處，不就是如此？離去前，他好意送給我一首他所創作的母娘歌，為了讓他舒坦，我收下了。看著他將那張破損不堪的黃表紙宛如寶貝般細心地摺起收入包包時，我不禁感慨：那張寫滿他與眾不同事蹟的神降詩句，或許就是他此生生存的最大動力。

這種因心理的不平衡所造成的假性靈媒體質，在我問事案例中遇過非常多次，在瑤池金母的教導之下，我都會選擇暫時不去談論神鬼這一部分，而是先跟他們談談他們自己心理的問題……

❶據我所知，N年過去之後，這位個案口中要與女通靈人合作的音樂創作始終沒有下文。

Part 3

靈修新鮮人該如何找對法門和老師？

普遍上，每個走靈修的人都會有一個想法：「靈修（修行）要找到厲害、有名氣的老師。」

這幾年看了許許多多的人，我深深感覺這句話應該調整成：「我的心適合哪一種老師來教導。」大多數的人都想著「我要看看這名老師有什麼能力」，而不是「我希望有一名老師能真正馴服我的心」，說到底，每一個人都在找一位認同自己的老師，而不是真正想被一名老師所調教。

如果你想要找到對的法門與靈修老師，請你也務必清楚自己想要的是什麼：

- 你能夠接受一名老師對你的言行舉止直言不諱嗎？
- 你能不能去除掉想要一窺靈修老師神奇能力的邪念？
- 你是否能真正接受「一名好的靈修老師其實就是一般人」的觀點？
- 你是否能接受，一位好的靈修老師，重點並不在於通靈能力？

我聽過無數走靈修被騙了幾百萬的人，大部分都有一個共同點：太迷信一名老師不可思議的能力。反過來思索，如果心中有偏見，又要如何遇到對的老師？仔細想想，你心中是不是也住著這一位心魔。當你真心想要走靈修時，請務必記住一點：真正的靈修老師，他的生活是樸實簡單，他的心是絕對赤子之心。只要你認清與接受這一點，相信好的老師已經離你不遠了。

宇色靈修空中教室——堆靈修人為什麼要跑靈山？

靈修法門這麼多，哪一個才算是真正的靈修？

我認為沒有所謂「唯一」的靈修法門，只要是能夠教導你更謙虛，與人相處更自在，發自內心尊重宇宙萬物、尊重每一個人，以及能夠讓你懂得自我約束言行的法門，便是最適合你的靈修。

在臺灣，很多靈修人一到假日就會奔往全國各地的仙山廟宇接靈氣、會主神、擺陣法渡亡魂、開文赦因果、領旨登仙榜、轉蓮花臺助炁開……巴不得能夠經歷到更多的奇幻事跡。

細究這些靈修玄妙儀式，其背後有個令人擔憂的共同點——很多人還來不及弄清楚什麼是靈修，就因為老師、通靈人、乩身直言他們是某某仙佛轉世、靈脈如何殊勝、帶特殊天命，而展開了從邪惡妖魔鬼怪手中拯救靈界與地球的神聖冒險之旅，開始面對斬不完的妖魔鬼怪、渡不盡的冤親債主，還肩負維護陰陽兩界和平、代天斬妖的天職……

靈修是將心向內走，外在世界才能愈走愈寬廣

常有讀者跟我說：「宇色，看了你的書之後，覺得你的靈修好神奇！」但我真心告訴大家——神奇只是經驗罷了，生活最終還是要走入平實。暫且不論靈修有多深奧，事實上，靈修應該是讓一個人在修行之後，可以身體健康、情感獨立、活得自在，並在今生愈走愈寬廣，而不是讓內心充滿恐懼，每天捕風捉影、處處疑神疑鬼。

靈修如果讓你的世界充滿鬼怪妖魔，代表你接觸的靈修並不是正信的法門。這幾年我最常到被問到的問題是：

「在家打坐、念經會招來鬼魅？」「沒有在神像前靈動、訓體會被外靈附身？」「疏文是寫上自己累世的因果業障，沒有蓋上宮印放在家中會招來厄運？」「亂跑、亂拜某些廟會讓元神回不來？」「身體、精神長期疲累就是元神被人勾去？」「有些書會勾引人的元神，所以不能亂看？」「現在是末法時期，很多知名大廟的神像已經沒有正神，裡頭都依附了矇蔽人心的魔？」「某間大廟是魔轉化，在裡面靈動是在與魔共修？」「靈修就是在修外靈？」「靈乩辦事就是為鬼靈在積累功德？」「靈修走到最後就是會神經錯亂、走火入魔？」「靈語是與靈溝通的語言，沒有在神像面前不能亂說靈語？」「有時會不自知和鬼神許下承諾？」「靈修人不能在普渡、清明拜拜，很容易引來鬼魅進家門？」

聽起來是不是很可怕？這除了容易導致現實生活中充滿妖魔鬼魅、精靈魍魎，也會讓人逐漸失去正信，內心充滿恐懼，沒有絲毫力量能讓心更加安住。上述論點與靈修根本沾不上邊，那僅僅是民間信仰的一部分，對靈修沒有太大的助力。

我相信，任何一個宗教都是讓一個人更加認識、看見自己的心，讓身體更加地健康，讓他對人生更加踏實，靈修也應該如此。從我個人十多年的經驗，以及這些年來研究過的許多靈修文獻來看，靈修法門可謂爭奇鬥艷、百家爭鳴，在這當中，我認為沒有所謂「唯一」的靈修法門，只要是能教導你更謙虛，與人相處更自在，發自內心尊重宇宙萬物、尊重每一個人，以及能夠讓你懂得自我約束言行的法門，便是最適合你的靈修。

Q21

常聽到有些人說：我（或某某）是個修行人，怎樣才能稱為在修行？

靈修人對修行最大的錯誤認知就是以為斬妖除魔、領無形寶、超渡亡靈、渡化祖先靈、轉靈接旨等等便是修行——這不是真正的靈修修行！

什麼叫做修行？這是最多讀者問我的問題。解釋修行前，我們先簡單了解宗教的定義，宗教包含了三種元素：①可供學習的義理（理論）、②創始人（主事者）、③儀式。以佛教為例，兩千五百年前的佛陀是佛教的創始人，一間佛寺的主持就是主事者，經、律、論❶是學習佛教最核心的義理，而各式各樣的法會、早晚課就是它的儀式。

現在來看靈修，無極靈修法是瑤池金母於花蓮吉安鄉所傳下來，是故祂是靈修法的創始人，每一間宮廟、宮壇的宮主、乩身就是主事者，有趣的是，靈修派並沒有統一的義理與儀式，因此有些研究靈修的學者認為靈修很難歸類於宗教。雖然關於瑤池金母的經典並不少，如《無極瑤池金母普度收圓定慧解脫真經》、《瑤池金母大天尊救苦真經》、《太上清靈毓真西華瑤池金母寶懺》，但靈修派並未將母娘視為靈修派唯一的創始神，大部分都以自己所膜拜的神為主，導致母娘的經典較難普遍性地流傳。

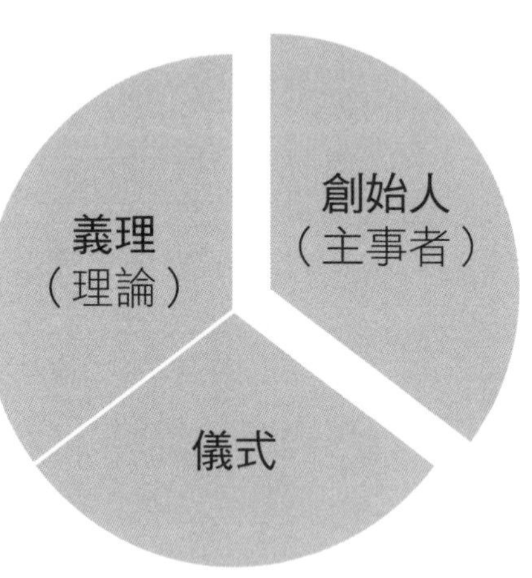

修行是貫徹一種理念於生活中

至於修行，則包含左頁的四個元素——自修、儀式、理論與中心思想。我們常見的會靈山、煆身訓體是靈修自修的方法；為神明祝壽或在訓體時向仙佛點燈、上香，即儀式的一

修行的四個元素

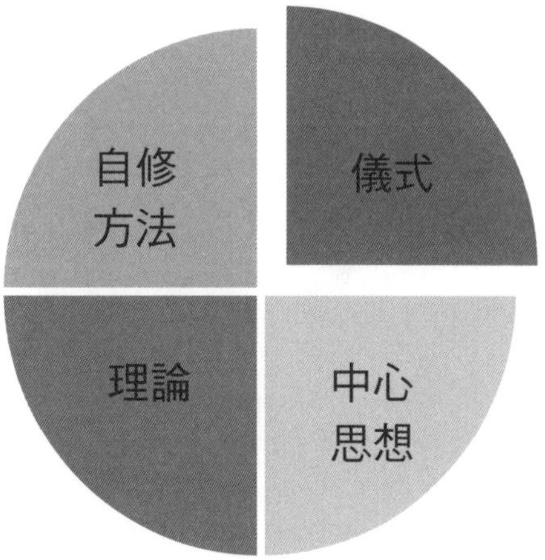

儀式
自修方法
理論
中心思想

部分；鑽研各宗各派的經典，大量閱讀中醫經絡學、養生學、能量學等，皆屬於理論的部分；生活中遵循無極（道）不偏不頗的生活價值觀，就是它的中心思想。由此可知，靈修方法雖然各種各樣，但仍不脫離修行的四個元素——自修方法（不受空間、時間的約束）、儀式、理論及創始人的中心思想。

將錢砸在看不到的世界並非實修，而是迷信

靈修人對修行最大的錯誤認知就是以為斬妖除魔、領無形寶、超渡亡靈、渡化祖先

靈、轉靈接旨等等便是修行——這些全都不是真正的靈修修行！它只屬於民間信仰，而不是實修。

在一次靈修講座上，有一位女學員分享，靈修老師說她家運不順要超渡祖先、元神不穩須祭改、冤親債主纏身要辦法會，結果才短短四、五年，她就因為執迷於靈修而導致小孩、丈夫、親戚紛紛離開，最終落得離婚、家庭四分五裂的下場，如今，年過五十的她健康大不如前、負債累累，再加上先前沉迷靈修而沒有培養出一技之長，失業後沒有收入……因此這幾年下來，只要一聽到「靈修」二字，便打從心底的排斥與憤恨不平。

還有一個個案則是走靈修兩、三年就花了將近兩百多萬，全都用在處理祖先、點靈認主、領無形寶上，我問她：「花了兩百多萬後，妳得到了什麼？」她搖搖頭表示：「除了當下『自以為』與眾不同之外，錢花光了，只剩一場空。」

這些年來，這類靈修真實案例層出不窮——因為靈修而發瘋的故事更多！修行，切勿執迷追求以無形力量解決現實問題，真正的修行要以身體健康與心自在為前提，鬼神太多的修行，人財兩空還不打緊，心若因此深陷靈修世界拉不回來，那就真的可悲了。

❶經：佛陀所說的話。律：佛陀所說的戒律。論：後代祖師大德對佛經的詮釋。

如果想以靈修做為修行法門，應該如何進行？

在未了解何謂修行與自修的方法之前，仰賴一位具有善知識的靈修老師是很重要的。

之前有新聞提及一位婦人自律神經失調多年又有睡眠障礙，閱讀了不少宗教相關資訊後，愈看心愈亂，最後竟因一時無法控制情緒而殺死了婆婆。不少靈修人一旦對靈修產生疑問，便會上網自行找尋答案，豈料網路上的資訊、觀點眾說紛紜，當中有許多都帶著滿滿的恐嚇，讓人鎮日疑神疑鬼，不敢拿香拜拜……

靈修是一條漫長之路，不建議輕信任何以訛傳訛的資訊，我也很不建議大家看書按圖索驥自修。在未了解何謂修行與自修的方法之前，仰賴一位具有善知識的靈修老師是很重要的，除此之外，如果靈修老師本身就有自己的靈修道場，在道場與同修一起精進共修也是絕對必要的。

一般來說，需要三年左右的時間，才能對靈修的雛形有基本的了解。以我的觀點來看，靈修與一般修行一樣，都必須經歷共修階段，靈修老師會視個人的程度與因緣，判斷是否再私下教導更深的靈修修練法。

一位女個案初走靈修時，有老師說她的靈很容易卡到陰，有人說她因天眼被開了一半而常看見無形界，還有人說她背後插令旗、帶天命……種種說法讓她的心蒙上恐懼與混亂，從此不敢再接觸宮壇，放棄了靈修路。一位具善知識的靈修老師，除了透澈並實修修行的四個元素——自修、儀式、理論與中心思想，還必須教導靈修人如何認識自己的心，並傳遞養生、健康的概念——心安住不再徬徨、身體健康，才能讓靈修走得更自在與長遠，滿口怪力亂神的靈修，不是一位具有善知識的老師會做的事。

Q23 如何分辨所選擇的是一間真正懂靈修的道場？

想找到正信的靈修老師與道場，靈修人本身先要釐清應有的態度與修行觀念。

雖然很難為「靈修」下一個貼切的定義，但可以從以下幾點去反思你正在接觸的靈修道場是否合適自己：

①**你是否在接觸靈修後懂得自我調理與養生？**請自問是否不用依賴任何一間宮壇、某神職人員，就可以從靈修經驗中擷取養生之道；身體或心理有問題時也不用一直靠神明或神職人員收驚、祭改。我有不少學員走靈修後，因為靈動、訓體而了解呼吸、經絡與身體的關係，因此開始接觸瑜伽、氣功與經絡理療，藉此輔助對身體、炁的理解與修練。

②**你的靈修道場是否讓你的心離真實世界愈來愈遠，事事都與仙佛鬼神扯上邊？**靈修法門看似充滿奇幻，所以很容易讓人沉迷其中，這正是它最大的特徵——與現實世界脫勾。許多

宮壇師兄姊不用經過身心的實修，僅僅因為乩身、主事者的一句話，就得到了某仙佛轉世的新身分；真實世界裡的感情、親情、工作樣樣不順，到了宮壇就身懷大神通；同修中關係較好的，就可以解釋為靈界好友，而真實世界裡與親戚、朋友、家人關係不好的通通都可以扯上前世冤親債主……如果你接觸的宮壇有這樣的心態與觀念，暫且不論它的靈修法門是什麼，都很難帶領一個人的心走向寧靜。

③靈修道場的主事者、同修的品性、道德是重要的參考之一。靈修妙法的殊勝是從一個人內心發芽，進而改變人的行為與品性。一個滿口檳榔、菸酒不離身、大魚大肉的人，一出口便句句帶著不堪字語、恐嚇口吻，這種靈修老師口中的靈修法值得商榷。

④靈修道場組織愈龐大，往往會離靈修愈遠。靈修沒有流傳千年的固定儀軌、經文，又無法像氣功、瑜伽、運動那樣以一套功法讓每個人操練，這使得靈修老師必須視每個學員心性、習氣個別指導，因此，真正想要教導靈修的老師絕對會慎選靈修人。另外，一名已修到靈乩階段的靈修老師，其心性必與一般人不一樣，有些非常孤僻、不與人親近，有些則會觀察人許久後才決定是否教導，主要的原因是，靈乩修練元神，元神內化之人必定沉默寡言，你絕對不會看到一名實修的靈乩鎮日喋喋不休，找人論是非、聊八卦。就我所知，靈乩前輩三霞二黃中的黃紫微（歿）與黃阿寬（人稱黃校長）私下相當省話，黃紫微前輩在世時被人稱為「啞巴微」，甚少開口且難以親近，一般人要見到黃阿寬一面更是難上加難，因此，真正懂靈修的老師絕對不會想要擴大組織門派，他會慎選門徒弟子，對於靈修

一事也絕對會謹言慎行。不過，我並不是說把組織搞大的靈修道場就一定有問題，只是靈乩很重視私人的修練，依每個人的心性給予教化，而唯有固定且一成不變的教法才有可能將道場擴大與組織化。

⑤靈修道場若充滿鬼怪妖魔，所有人都在談論看不見的鬼神世界，這個道場便有問題。舉例來說：玉皇大帝因維護人間不力而被打入天牢、因護持天理不利換地藏王菩薩繼位？臺北行天宮關聖帝君因辦事有誤，向某宮壇關聖帝君跪拜磕頭謝罪？某宮壇或某主事者正在尋覓三十六天罡星及七十二地煞星等九十九位轉世天人，要重振靈修派與重新執掌天盤彰顯天理……這種事常在一些宮壇內流傳，隨時隨地都在重新改寫封神榜、西遊記；去掉這些難以查證對錯的神話故事，真正進入靈修領域的人又有幾成？

我想藉由一則讀者的來信❶來綜合以上五點：

一個多月前被邀請皈依到某間宮壇。做出這個選擇，一開始是好奇心居多，畢竟我本就有在跟隨身心靈老師，學習鍛鍊心智、察覺生活上的言行舉止。

對這個宮壇所說的開靈文、訓體、說靈語等事，我沒有非常抗拒，但他們的解釋非常模糊難懂，所以我一直弄不清楚它是怎麼一回事。後來，這間道館的主事者一直說我會很快進入狀況，說我來自無極天，是鴻鈞老祖靈脈下來的靈，要回來辦事情、說我做的夢跟過關斬將、拿回能力有關、要我跟著其他師兄師姊回饋眾生、說我遲早會看得見並走向靈媒之路……道館中的許多人也持續送文疏、調整新的組織架構等等……

林林總總的事情讓我的內心開始有些抗拒。我想要走回原本的修行之路，修行不就是過好每一天，留意自己的每一個信念，努力把自己活大，幫助其他的人嗎？花這麼多時間在經營道館——宮主常說「接到靈界訊息說要擴大經營」——這與修行不是本末導致嗎（至少我不覺得那邊的人現實生活過得好）？然而，我又會被對方語意不清的話語所影響，擔心不回來辦事，人生會比較不順……

現在，仔細對照正信的靈修道場的五個要點和這位讀者的經歷，或許就能明白該如何選擇道場了。當然，**最重要的還是靈修人本身要自重，切勿將靈修當你家、把老師當家人，**我遇過一位年近四十、自稱在靈修路上走了快六年、前後花了近百萬的女性，她說自己走靈修其實是想找一個依賴，每晚都泡在宮壇與人喝茶、聊是非，爭取主事者的關心，一有事就找主事者訴苦——她一開始在尋找靈修老師與道場的初心就出了問題。想找到正信的靈修老師與道場，靈修人本身也要釐清應有的態度與修行觀念。

❶為保護當事者，信件內容已做了修改。

Q24 正信的靈修老師、靈乩應該具備哪些條件？

真正正信的靈修老師，應該是教導、尊重每一位靈修人的學習及領悟的自主性，更重要的，是要教導他們獨立。

靈修人與宮壇、主事者、老師的關係，應該是教學相長，有些不具正信的靈修老師會用各式各樣的恐嚇說法、神話故事綁住信徒，讓他們不敢擅自離開宮壇，這樣的靈修已出現偏頗。真正正信的靈修老師，應該是教導、尊重每一位靈修人學習及領悟的自主性，更重要的，是要教導他們獨立。

此外，正信的靈修老師絕對不會與弟子、信徒、個案出現情感、財務的牽扯，有些靈修道場的主事者從事直銷事業，要宮壇內成員加入下線；主事者將自己與信徒、弟子的感情問題推給前世、靈修未了結的因緣；主事者本身財務問題要信徒借高利貸幫忙償還，當成是消業障……靈修的核心是心靈、身體與生活獨立自主，同時減少不必要的感情課題，而不是將更多現實生活中的問題帶入宮壇中。

許多年前，一個自稱每天半夜能與眾仙佛溝通的女學員在上我的課時，母娘直指她現實生活中的婚姻、工作、婆媳關係得不到認同，所以潛意識中會自動撰寫出一連串遠離現實的神話故事，藉此平衡現實的不滿足，顯示她的心性與人格不合一——對於母娘的慈訓，她本人也都一一承認。多年後，她在臺北以各種名目授課教導靈修，她的靈修是否真具實修，我不得而知——畢竟已經過了這麼多年，但靈修精進與否與個人心性、成熟度有很大關係，而要改變心性，難度是很高的。我們不能說她沒有資格教靈修，靈修世界非常大，不同的老師自然會有屬性相應的學生。

正信的靈修老師、靈乩應該具備哪些條件？我們可以反向思考這個問題：

①是否常常閱讀經典、書籍，透過實修讓言行合一。或許還不具有頓悟的層次，但了解靈修的意涵，對任何事情都不恥下問，不會擺出一副高高在上的姿態。

②是否過度強調靈修儀軌、鬼神世界，熱衷於讓學生崇拜與追隨他，非常迷信、情緒化，利用各式的神鬼論點、前世今生、祖先靈、點靈認主、神話故事，操控學生的情緒、生活與身體，企圖讓學生盲目地跟隨他。

③自私虛偽，不具有同理心，言行中處處都帶著恐嚇的字眼，喜好搬弄是非，以積累功德、修福報為理由要學生奉獻時間、金錢，好色、情緒不穩定，重視個人的名利更勝於學生的實修。重要的是，一名好的靈乩老師絕對不會與學員、個案有金錢與情感上的往來。

靈修不應該拿恐懼當成教條

多年前，我在苗栗仙山九天母娘廟前看過一個靈修團體，一名五十多歲、身材矮胖的女宮主帶著五、六位中年女信徒會靈山，身旁站著一位近五十歲的師兄。過程中，一位女信徒在靈動中不小心擋住其他香客，女宮主在大庭廣眾下大聲開罵：「這一點知識都不懂，修什麼靈修。妳們知道嗎？每一次妳們犯錯，都是他（師兄）為妳們擋過錯。如果沒有師兄為妳們揹因果業障，妳們不知會遇到多少的事情……妳們要對他心懷感激，他如此大無私在仙佛面前懺悔，幫妳們擋多少厄運了，如果沒有他，妳們不知道要發生多少的災難……」女宮主對師兄讚揚不已，對女信徒盡是喝斥、批評與否定，甚至將方才那位女信徒罵到淚流滿面。

這位女宮主的態度的確不佳，但換個角度看，若不是女信徒迷信「有人可以為我們揹業障」，又怎會對女宮主的說法深信不疑？我並不是指靈修老師不該罵信徒，而是對她口中針對功德、因果的恐嚇與威脅言語感到不以為然。如果你所認識的老師也是如此，就得留意自己的靈修觀與生活是否愈走愈狹隘。

另外，一名真正對靈修有所領悟的老師，會非常懂得如何與人保持適切的距離，而不是鎮日與信徒、弟子黏在一起。瑤池金母還特別叮嚀，靈修老師切勿生起讓他人追隨的念頭：「不要一心渴望成為人們追隨與信仰的目標，當你想成為他人的追隨目標，你便會在意他人對你的看法，你的心便不在你身上；而是在別人身上，你的每個念頭都必須讓人們認識他自己，而不是追隨你。」

一名靈乩修行最終是要將靈魂與元神合一，此人的特質是樸實中帶有一顆赤子之心，懂得與人保持一定距離。因此，判斷一名實修的靈修老師與靈乩，你要記得，他的靈魂會有一種距離感，絕不會與人有太多親密接觸——就算與家人相處也是如此，但眼神中絕對透露出慈悲的能量。

宮壇老師自稱是〇〇〇轉世，這是真的嗎？

未真正實修的人，常會用自編的神話故事拉攏信徒的心，但他們口中的神話故事，其實都會有自相矛盾的現象。

分享一則真實個案林先生的問事故事，他前來找我問事，是為了詢問他的老師是否真是三官大帝轉世：

我的老師自稱是三官大帝轉世，又說我們這群弟子是九天母娘、玉皇大帝或瑤池金母轉世，而我是三清道祖轉世——全來自天界。一天，他說天界諸天菩薩要他開素食店宏揚無極靈修法，要我們集資為他開店，之後在店內幫忙也沒支薪，理由是為仙佛辦事不能拿錢，靈修人不能太重視錢，但他卻一直向我們銷售開運物，成本幾百元的水晶賣我們上萬元。這幾年來，我為了宏法和買開運物揹了不少債，還有人跟了他十多年都沒有出去工作，他說這是在積功德，也是在宏法。

每次新聞報導臺灣發生天災人禍，他都會說：「我早就跟你們講過了（其實他根本沒說過）。」他預言過的事情全都沒發生（幾乎從來都沒有準過），但他會自圓其說，說這一切都是因為他的功德與能力將原本的重大災害降到最低。我有一位同修屬於敏感體質，常能點出其他同修的身體問題，老師卻說這些預言都是他說的——其實和他根本沒關係！

我提過要離開，但他都會恐嚇說他已寫疏文向天界稟告我們的惡形惡狀，只要我們離開他，將遭受五雷轟頂的惡報，因此多年以來我都沒有勇氣離開。直到有一次，我們一起在外投宿，他趁我在睡覺時將生殖器放入我嘴裡，那時我才不得不正視——他「可能」不是一位正信的老師。

雖然已有不少人陸續離開，但還是有些年輕的師弟、師妹在他身旁，我一直在想辦法讓他們不要受他蠱惑，但當中有許多人仍相信老師說他們帶天命、靈格高的說法，願意免費為他工作。請問宇色，他真的不是一位正信的靈修老師嗎？我可以跟你求證他的能力嗎？

靜靜聽完他的敘述，我僅僅回問林先生一句話：「你覺得他哪一部分值得你對他深信不疑呢？」

他回答沒有，接著繼續問離開老師會不會遭受五雷轟頂的惡報，我斬釘截鐵地說：

「不會，因為你是三清道祖轉世，你比他的三官大帝靈格更高，他寫疏文告天庭就是以下犯上，你也可以寫。」

未真正實修的人，常會用自編的神話故事拉攏信徒的心，但他們口中的神話故事，其實都會有自相矛盾的現象。林先生的靈修老師為了取信信徒自編了一套神話故事，將每位弟子封為無極界眾多仙佛轉世，等到大家質疑、不信任他時，又書寫疏文咒罵他們將遭天打雷劈，卻忘了這群人都是他口中仙佛轉世之人，既然是仙佛轉世，咒罵他們豈不招來更大的惡報？很明顯的自相矛盾！

自稱某某仙佛轉世的老師，往往都不具有正信的心。每個人都有能力分辨老師是否具備善知識與正信，真正蒙蔽我們的不是老師，往往是我們自己的欲望與邪見❶。提醒走靈修的朋友，千萬不要迷信用身體與金錢可以交換任何東西，神通、功德、通靈能力、消業障都必須靠實修。

❶邪見是指不正確、偏見之意。

該怎麼做才能避免遇到不正派的靈修老師？

你用什麼心態來看待靈修，就會遇到什麼樣的老師。如果你真心想要走靈修，也想要遇到一名明師（不是名師喔），不妨先問自己：「我到底想從靈修獲得什麼？」

以下先分享一位女個案的真實案例：

這位女個案被很多老師說帶修行的命，她也跟過許多靈修老師，走靈修好幾年。她觀察網路上自稱走靈修的網友及身旁跑靈山的朋友，發現他們幾年下來依然在原地打轉，人生的種種問題依然存在，甚至愈滾愈大，心性、品德、家庭問題與健康絲毫沒有任何改變。兩、三年前，她接觸了另一個說法全然不同的靈修老師，老師的理論與她內心想法相符：何必跑靈山？在家修就可以了。因為這樣，她改跟這位老師靈修，沒想到此後的生活竟開始變得「多采多姿」。

這位老師常說她的某某家人卡到陰、誰需要花錢來消業障、誰的冤親債主來找……她當然是找這位老師處理。與坊間動輒上萬元祭改、去鬼、捉妖的費用相比，這位老師的收費不貴，都是在幾千元上下，但每個月總要來個三至五次，著實令人吃不消。

她算是敏感體質的人，拜拜時常能以意念與神明連結，多次感受到堂上神明提醒該老師心術不正，應該遠離。她心中雖有質疑，無奈未能確切發現該離開的證據，便暫且把神明的話放在一旁，直到幾個月後，她丈夫有事需找人「處理」，老師知道後立即表示只有他能辦，其態度之強硬令她感到不舒服，電話中她堅定地回絕，老師卻仍執意要她允諾，她一怒之下將電話掛斷，自此斷了兩人的師生關係。

離開這位老師後，她尋求其他老師、宮壇、通靈人處理卡陰、靈擾、冤親債主之事，對方均表示那位老師身邊有一堆法力極強的陰兵陰將，甚至半夜入夢警告他們不能幫她忙，而一些為她處理過的宮壇也都被這位老師干擾，搞得對方與她家都不平靜⋯⋯

迎神容易送神難，諸如此類的案例，其實常出現在我的問事個案中。靈修是一件大事，等於決定生命的方向，所以選對老師非常重要，不可不慎。雖然你不一定能夠知道靈修老師的能力如何，卻至少可以從品性、道德、說話與生活作息進行觀察——靈修的深度，絕對可以表現在一個人對生命的負責上。

此外，找老師前別忘了先捫心自問：「我在追求什麼？」你想在靈修中解決金錢的問題，就會遇到貪財的老師；想要透過靈修來解決情感不順的問題，就會遇到滿口陰陽道術、化解業力的老師，讓你相信只要花上幾萬元就能讓感情轉好；你想在靈修中得到神通，難免就會遇到不具真靈通，卻愛怪力亂神的教導者；如果你喜好光怪陸離的神蹟，當然就會遇到愛將神話故事掛在嘴邊以拉攏學員、信徒的老師……反過來說，如果你知道世間事都是無常，人要學習以平常心來看待這一切，也應該學習以更柔軟的心來面對世間一切的挑戰，就會吸引這樣類型的老師來到你面前。

說到底，你用什麼心態來看待靈修，就會遇到什麼樣的老師。如果你真心想要走靈修，也想要遇到一名明師（不是名師喔），不妨先問自己：「我到底想從靈修獲得什麼？」因此，最重要的是釐清自己的態度與心，你的心想要什麼，自然就能連接到相應的人——這是宇宙不變的定律。

我的靈修老師說他有大神通，他底下的師兄姊也自稱有神通，靈修之人真的有這些能力嗎？

一名真正實修的靈乩，確實有一些超乎常人的能力，但口口聲聲自稱神通、通靈之人，卻不一定是一名好的靈修老師。

在正式回答這個問題之前，我想先跟大家分享一則南懷瑾大師的故事，這個故事非常有意思：

南懷瑾先生參加他的師尊袁煥仙在靈岩山所舉行的禪七法會，一位來自於果州的道士到訪，夜晚在師尊室內閉門聊天，曾子玉、王子賽及周揚諸子等人也都在室內。南懷瑾遠在另一處休憩，卻能遙見遠處室內中所有的人物、言行舉止，就好像他也在同一室內，他對此驚訝不已，便請師尊至祖殿談此事。

袁煥仙聽了之後大怒：「我還以為你是個人，竟然會做這樣的見解。」罵完後便甩頭離去，鎖門就睡，完全不理會南懷瑾。從古至今，無論是修佛或對修行有興趣的人，許多人都會偏離實修而去追求奇人異事、神通與鬼神，反而離心愈來愈遠。

這件事對南懷瑾的影響甚深，事後他曾說：「通神與神經是兩兄弟。」❶

一般人之所以很容易跟隨到未具正信的靈修老師，幾乎都是因為被所謂的神通、通靈所迷惑。一名真正實修的靈乩，確實有一些超乎常人的能力——林千代師姑的傳奇故事就可以說上三天三夜——但口口聲聲自稱神通、通靈之人，卻不一定是一名好的靈修老師，一名好的靈修老師，就算有特異的能力，也絕對不會故意四處張揚的！

心的「純淨」決定靈修高度

如果你問我該如何判斷一名老師是否正派且具實修，我倒能以過來人的經驗分享——**一名具實修與正派的老師，絕不會將問題通通推給鬼神與因果，他會教導你先去認識自己的「心」**。正信的老師只談該如何去認識心、該如何去除不善的心，以及教導你如何走過自我修行的困難。心的「純淨」決定靈修高度，也決定了未來是否有因緣與有緣仙佛相應，進而得到主神無極法門的傳承。

靈修人要有靈通並不難，許多人在自我啟靈初期便有異於常人的能力❷，而「靈通」只是初期善誘你走入靈修世界的誘因，畢竟很少人抵擋得住靈通如此美麗的誘惑。你一定要記住，正信的靈修老師絕對不會四處張揚這方面的能力，他的心是沉穩與內斂——在心不成熟之下強求靈通能力、特殊經驗，就像小孩開大車一樣危險。

愚昧的老師教你修功德不墜地獄、點靈認主祈求人生平順，具正信的靈修老師是教導你在靈修路上了解自己的心，先教導如何馴服不善的心，再善用啟靈後的種種能力，更重要的是引導你在生活中展現靈修的智慧。正信老師就像是在黑暗海洋上的燈塔，讓你在駕駛船時心裡踏實、不會感到害怕。

❶ 請參閱《南懷瑾的最後一百天》，橡樹林出版。

❷ 請參閱前文「元神是新靈、原始靈，還是我自己？元神要修但我想不修，可以嗎？我根本不知道它是什麼，要怎麼修？」

28

現在宮壇都掛上無極兩個字，這間宮壇的神明就會比較厲害嗎？

宮壇掛上無極兩字，僅是代表神尊的位階，但與主事者的修為、能力沒有直接關係。

天共有十三層，再細分為三十六天，天之內稱太極界，天之外稱無極天，無極天是宇宙最高境界。

靈修派所膜拜的神尊均屬於無極界的神明，代表中國金、木、水、火、土五行的靈修五老——東王公、西王母、赤精、水精、黃老，以及五母——瑤池金母、驪山老母、九天母娘、準提佛母、虛空地母。

道家神尊的三清道祖、鴻鈞老祖等都是屬於無極天，而一般人所熟知的媽祖、觀世音菩薩、王爺、濟公、關聖帝君等則是太極界神尊。

近年來因靈修派興起，許多靈乩宮壇、宮廟都會冠上無極兩字，以顯示他們所供奉的神祇地位不同於坊間的神明，藉此抬高主事者所通的神明靈格以及能力。宮壇掛上無極兩字，僅是代表神尊的位階，但與主事者的修為、能力沒有直接關係。就好像臺灣四處可見加上「國際」二字的招牌，但實際上其業務根本出不了海關。

Part 4

這樣靈修就會比較順利嗎？

相較於早期的靈修前輩，現代靈修人跑靈修的花招多了許多。跑靈山該怎麼修？要拜哪尊神？還是要逢廟必拜、逢神必會靈？林千代師姑的一句話相當適合回答這問題：「天只要給你看到一角，你就辦不完了❶。」只要有心，一尊仙佛的能力就足夠我們去辦所有的事，只要有實修的能力，光是一尊仙佛的術法能力，花一輩子學也學不透。早期靈乩前輩走靈修就只有八個字——對神虔誠、勤修訓體。

曾有一位七十多歲、全身大小毛病不斷的靈修人告訴我，她走靈修近四十年，見過許多光怪陸離的神鬼之事，該跑的廟宇、該會的靈山、該做的儀式一樣都沒有少過，但老了，體力不行、身體每況愈下，孩子、孫子大小事沒有一樣不煩惱：「人生還是不平順，我到底還有什麼沒有做？」我不知如何回答她，只能無奈地說：「妳做的夠多了，唯一沒有會到的靈山就是妳的心。」

靈修千萬不要搞東搞西，樸實兩字是千古不變的真理。太多人將民間信仰與靈修看得太簡單，以為「花一筆錢」就能夠呼請仙佛下凡，只要具有靈動體質、勤跑靈山就會有收穫……這些都是非常粗糙的想法，最終荷包瘦了一大圈、徒增不必要的煩惱，在實修方面卻一點助益也沒有。

泰國佛教高僧阿詹多（Luang pu mun）曾說：「法對於一個沒有道德的人是毫無任何意義的，就好像倒水在馬的背上，水將全部流掉，完全沒有剩下。」修行都是在談「心」的修練，瑤池金母所傳的無極靈修法門也不例外，太著重外相，只會使人偏離靈修法。

宇色靈修空中教室—靈修學者揭祕跑靈山的奧祕

❶ 意指學不完，光是一尊神明要你辦的事就處理不盡了。

Q29

為了走靈修而自練啟靈法（例如盧勝彥的「先天啟靈法」），這樣安全嗎？

不論是自我啟靈或依靠外力啟靈，沒有一種啟靈法能保證絕對安全。

啟靈的方式有許多種，除了祈請諸天仙佛，練自發功、瑜伽、打坐，都有可能因為開啟氣脈走入氣動，長期修練後也可能觸發啟靈的因緣。因此，如今啟靈已不限定在先天啟靈法或許多靈山廟宇及宮壇四處可見的轉紙蓮花、坐蓮花陣內由靈修老師啟靈、綁紅布在腰際上轉圈圈等方式。

盧勝彥算是早期第一位透過書籍教導啟靈法的人，他所教導的「先天啟靈法」是在家祈請傳下靈修法的無極瑤池金母大天尊，讓祈求者能在因緣成熟時啟靈。雖然盧勝彥稱此為「先天啟靈法」，但「祈請仙佛啟靈」便不算是「先天」，其背後的動機仍帶著想要與執著，因此，這樣在家祈請母娘啟靈的方法應屬於後天啟靈。

沒有一種啟靈法絕對安全，不要拿生命開玩笑

我曾遇過一名自我啟靈的個案，在完全沒有跑宮壇的情況下在家中先天啟靈，每晚夢中都會有神明帶她去天庭遊山玩水，甚至上演神魔大戰……剛發生時她隱忍著沒說，數月後才跟家人表示已約好要來臺中找宇色，她家人信以為真，便載著她來到我位於臺中的工作室。她在工作室外頭打電話給我的助理，聲稱已告知母娘要前來臺中問事。她信誓旦旦地表示母娘已同意此事，想要詢問的事項也都已請母娘轉告我，我應該知道一切的原由——事實上，這都是她自個兒編出來的。

因為當時並非開放問事的時段，我請助理婉拒她。過沒幾個月，她又跟家人表示宇色的元神出竅去找她，在她睡夢中告知她我的生辰八字，要與她合八字冥婚❶，她家人跑來向我興師問罪，還好「她腦袋自創的宇色元神」所說的生辰八字與事實不符，不然我真的跳到黃河也洗不清。

她失控的行徑鬧得全家雞飛狗跳，當她前來問事時，我建議她先吃藥讓精神穩定再來談後續，但她與家人就是不相信醫生……

看完這則真人故事，你還相信自我啟靈就比較安全嗎？不論是自我啟靈，或是依靠外力啟靈的方法，有一件事你必須了解，沒有一種啟靈法能保證絕對安全。

再來分享一則跑宮廟啟靈的真實故事：

一位先生帶著太太前來問事，夫妻兩人同在臺中大里某宮廟靈修，一日太太在靜坐中突然暈厥過去，清醒後向眾人表示她的靈魂被帶到外太空眾星球間遊玩。初期，妻子的精神狀況還算穩定，但後來逐漸失去自己的意識，口口聲聲表示自己已不是他太太本人，而是由眾多高等外星靈在幫「她」過生活。這些外星靈在我面前說，因為這個肉體相當純淨，它們要保護她不被外人欺負，它們毫無為人群服務之意，就只是想協助她與先生的公司。這群外星靈還一直說：「**我們要去美國五十一區。**」❷

因為不堪其擾，先生帶著太太遍尋許多宮廟、通靈人，甚至還找了一位號稱能通靈的中醫師，幾乎每個人都表示太太的命格與肉體特殊，確實帶天命要為眾生服務。夫妻倆服務的宮壇主神——瑤池金母，也表示她的靈與肉體出類拔萃、與眾不同——但問題來了，丈夫想要的就只是一個正常且能照顧家庭的老婆。

在我面前，她對丈夫的態度非常不友善，開口閉口都直呼丈夫全名。我故意說：「**就我所知道，外星靈的靈性都非常高，看妳言行舉止對他那麼不友善，感受不到妳的靈格有多高。**」

聽完了我說的話，她便開始對丈夫冷嘲熱諷，從丈夫的工作能力、生活態度……無一不挑剔，我只能靜靜聽她罵完。最後她問我：「**那母娘呢？我的情況母娘一定很了解，她怎麼說？**」

這句話早已透露她並非外星靈或仙佛附身——既是高等靈，何需其他神明來幫忙判斷？她的情況，八九不離十是走靈修後導致元神分裂，我決定以一句話來驗證我的想法——我假託母娘之意對她說：「母娘告訴我，妳真的很累，妳的心太苦了……」

我話才說完，她的眼淚便潸然落下：「是因為她父親的死造成她那麼痛苦，你知道嗎？她和她父親的感情非常好，自從她父親死後，再加上生活上的不如意，她心頭上的苦就更重了……」❸她邊哭邊埋怨另一半及父親的往生造成她難以撫平的心理創傷，過了一會兒又說：「他來了，她父親的靈從陰間來了……」她的人格瞬間轉變成已逝父親的靈與我對話：「妳知道嗎？我這女兒太苦了，自從我離開人世間後，她就無法放下對我的思念……」

她就這樣在我面前轉換了好多個人格。在外人看來，可能會認為她具有天命，可以讓許多外靈附身，讓往生多年的父親從陰間重返陽間。重要的是，她自己呢？她的意識在哪裡？這些「外靈」其實是她內心所投射出來、用來保護她的內在人格。我也因此更加篤定，這並不是帶天命或元神覺醒，更談不上外星靈附身，她就只是元神分裂——也就是精神分析中所謂的思覺失調症，但我不是精神科醫生，也不是心理諮商師，不能在個案面前下任何的病症定論。

當她的老公問我該如何處理時，我誠實告訴他：「不要再跑宮壇、問通靈人，還是老老實實去找一位值得信任的精神科醫師好好地診斷，你的老婆心中有太多苦需要找人吐訴一番。」

為什麼許多人走靈修會導致元神分裂？

這其實與外魔一點關係也沒有。靈修是完完全全將「心」打開的修行，當你的心一點一滴打開後，過去所承受的苦、壓力、無奈，甚至是你想透過宗教得到特殊的感應、能力，或是一切未經鍛鍊實修的邪心，都會在靈修過程中展露無遺。

這位太太就是現實生活中太苦——據她身上的外星靈（其實就是她自己）所說，丈夫無法給她物質豐盈的生活，朋友、親戚不看好，她自認嫁給他是委屈與犧牲，再加上疼愛她的父親往生……種種的打擊與不如意，讓她的心在生活中找不到平衡，有了靈動的體質後，在宮壇中耳濡目染的神話故事便開始進入她的腦袋，現實中的種種不滿通通可以藉此得到彌補，帶天命、與眾不同……對現實無力改變，只好往神話世界得到滿足。久而久之，她的後天意識（現實感）愈來愈薄弱，慢慢就被幻化出來的元神意識所佔據❹。

老實說，我見過無數啟靈後精神異常、一輩子要吃藥看醫生的靈修人，也處理過啟靈後不知如何修練呼吸法而讓體內氣脈不順、心性無法控制導致走火入魔的人，還遇過在宮壇被乩身、老師啟靈後，開始有幻聽與次人格出現的人……許許多多啟靈後出現的身心危機，是宮壇老師不知道該如何處理，也或許不願意說出口的真相。

每一件事都有一體兩面，千萬不要只看靈修神奇的一面，而忽略靈修背後強大、難以控制的黑暗面。或許你會想問我：「宇色，你走靈修這麼多年，怎麼會這麼說呢？」正是因為我走靈修夠久，看的人夠多，才會有這般的體悟。

❶ 冥婚又稱陰婚、鬼婚、靈婚，在臺灣民間習俗中有「死人與活人」和「死人與死人」兩種，男女某一方因故逝世，在世者嫁娶逝世那一方的神主牌位；或者是夭折的兒女成年後，透過一些方法尋找在世有緣的另一半，這都屬於「死人與活人」。另一種則是男女雙方因故死亡，在世親人為他們舉辦婚禮，便是屬於「死人與死人」。故事中的女主角聲稱我的元神找她冥婚，可見得她並不了解冥婚的真正意涵，屬於精神異常的現象。

❷ 五十一區位於美國內華達州南部林肯郡，此區被認為是美國用來祕密進行空軍飛行器的開發和測試之地，這個地方也因為許多人相信它與眾多的不明飛行物的陰謀論有關而聞名，外界傳聞五十一區是美國與外星人合作研發科技之處（部分資料來源取自維基百科）。

❸ 思覺失調症的人說話時常以第三人稱來闡述自己的故事。

❹ 想進一步了解假性靈動以及元神分裂的朋友，請參閱我的第一本著作《我在人間與靈界對話》。

Q30

靈修要吃素嗎？能積功德而讓修行路更順嗎？那葷食者怎麼辦？

茹素本身並無功德，葷食本身亦不損功德，你可以將素食視為一種清淨的飲食習慣，但千萬不要認為吃素就高人一等，也切勿以「素食即是慈悲」的觀點去批判吃肉的飲食習慣。

從修行角度來說，素食（包括不含化學成分、人工素料與香精）確實對身體在練氣與修心有很大的幫助。人體可粗分為上下兩部分（以位於橫隔膜的太陽神經輪為界），下半部代表粗糙、與俗世紅塵相應的心性，上半部則是靈性、精神、無求以及與諸仙佛菩薩相應的心性。輕食、蔬食會強化上半身的能量；未修行之人下半身的氣——如物質、欲望、貪愛等——較盛，而吃太多肉、重口味、垃圾食物、化學添加物會更為強化下部的氣。因此，走靈修及修行之人，除了以種種儀軌修持心性與仙佛願力相應，為讓修行更為精進，有不少人會將飲食改以蔬果、清淡食物為主來消弭下半部的氣、強化上半身的氣。

過多肉類、添加過多化學成分的食品會阻礙一個人體內氣的運行，還會增加不淨的思緒與情緒。靈修最重要的就是修練元神，追求元神純淨且無雜質，因此避免食用過多的肉類，確實能在煅身時強化真元，在會靈時有助於元神與諸仙佛的願力相應。為了修練真元以及提升與元神融合，建議靈修人三餐還是以蔬食、口味不過重的食物為主，至於肉類，偶爾吃一點肉類還行。

靈修非常重視元神能量與真元修練，靈修人在跑靈山、訓體之際容易感覺到氣虛、中氣不足，甚至無法感受到與仙佛相應時，除了減少大魚大肉、改為清淡飲食，還必須進一步少食與精進打坐。

培養柔軟的心更重於飲食

要特別說明的是，茹素僅能算是「自修」，並沒有任何功德。得要你在吃素過程中體悟到吃素的好處——好處並不是指功德，而是指身體健康、心性變和善，或在因緣成熟時以中道心、柔軟言語在適當時機勸人少食並減少大魚大肉等等，才算是「種福田」。在古代，「德」與「得」通用，你以善待自己的心對待他人，所得到的福報才是功德。因此，茹素本身並無功德，葷食本身亦不損功德，但若貪愛大魚大肉，甚至還以不善、不道德與非法的行為取得動物的肉，那就可能會造惡業了。

更進一步來說，素食與修行的次第並無直接關連，與其強調素食，不如強調純淨及烹調上不過度精緻的食物——食材單純、料理簡單，思想便會單純專一，因為我們的腦袋與身體都會受到食物的影響。你可以將素食視為一種清淨的飲食習慣，但千萬不要認為吃素就高人一等，也切勿以「素食即是慈悲」的觀點去批判吃肉的飲食習慣。我就親眼見過出家人當眾破口大罵、口出惡毒的言語，也親耳聽過出家人在他人背後造謠，當然也有自小吃素的在家佛教徒因為執著於素食，而以鄙視的口吻對吃葷食的人說肉品難聞，去到菜市場一直嫌市場有血腥味……

當然，並不是所有佛教徒都這樣，只是，吃素不該只停留在那兩吋舌頭上，而應以更柔軟的心對待生命中一切的事物——**真正的素食是透過「食」來培養慈悲與柔軟心**，假設連心都不夠柔軟，就算嚴格遵守茹素到連切過肉品的廚具都不能使用，這樣的修行也只是停留在表面罷了。

Q31 捐款、行善有助於靈修嗎？這樣做就能改變業障嗎？

行善是回報社會，是人與社會互動的基本態度，若太過強調行善積累功德、消業障的必要性，反而會讓修行者帶有太多目的。

靈修的修行法門並不太重視行善與捐款，這並非說靈修是一種很自私的行為，一名真正了解靈修的靈乩並不會為了積累功德、福報刻意去做某一件事。不抱持任何心念的行為去行善才真正有助於修行，這比捐款佈施更難。靈修是修持元神❶，走靈修到一定程度後，靈修人必定會順從心去做事情，絕對不會考量利益。行善是回報社會，是人與社會互動的基本態度，若太過強調行善積累功德、消業障的必要性，反而會讓修行者帶有太多目的，造就了一顆不善心，用這種不善心去做好事，並不會得到好的福報。

業指心念、行為、言語所造作的結果，業障是指不良的結果障礙到自己的生活與人生。從靈修角度來說，靈修是在修持、固守元神，將心顧好，不貪求本分之外的事物，精進修持元神之炁。因此，心念、行為、言語都是業，而過不了的業便是業障——將情緒加諸於他人便是業障深厚。

明白這個道理後，你應該就能明白，消業障最根本的核心還是回到心，走靈修、修元神之所以能消業障，說到底就是一直在固守元神（心）。修持內在的元神已在消業障，能真正做到此點，就有相當的功德，因此，真正了解靈修的老師與道場，並不會一直強調消業障、渡化祖先靈、辦法會。靈修修持心與元神，行善與捐款應該是修持後發自內心的結果，而不是以物易物心態下的行為。

❶不妨將元神當成一種精神、心。

Q32

靈修要走得好，需要排除或減少性欲嗎？

無極靈修法並不特別強調刻意減少或排除性欲，刻意地去做反而會讓心理與身體產生更大反撲力，性的強大力量最終還是會從其他方面發洩出來。但在母娘傳下來的靈動煅身功法中，便藏有化解性與降低性欲的祕訣。

性在臺灣的宗教界一直是隱諱不可公開的話題，大部分人都對談論性避之唯恐不及，甚少有人願意深入了解該如何處理它。相較於西藏密宗、印度教來說，臺灣的各種宗教在修法上確實較少有人談論性。然而，性醜聞、不倫之戀在民間信仰和宗教界卻是層出不窮的，這正顯示性與情感不會因為換到宗教場域就自然消失——即便如此，至今依然沒有相關人士去探討性與感情在宗教中該如何得到正確的處理。

對於男性的身體架構來說，性，是今世必須面對與化解的課題。不少男人從結婚那一刻起，便一直在尋求性的滿足，也因此，五、六十歲男人犯下性侵案的新聞時有所聞。反觀女性，雖然性的課題較少，但情感卻是女性修行上最大的屏障——婚姻、情感不幸福的女靈修人，將宮壇主事者、師兄弟、問事者當成情感投射對象的事亦常常上演。更不用說主事者（不分男女）與信徒、弟子之間的情感糾葛，甚至生下孩子的新聞了。

針對這一部分，瑤池金母特別叮囑靈修人：「如在修行場域[1]有主事者好以美色示人，此心是邪見，其心不在靈修而是私心，亦會吸引好美色之徒前來，未來易使道場內人與人之間發生情事糾纏，破壞道場之清淨。」也就是說，如有神職人員（不限男女通靈人、宮主、乩童等）常常在臉書、網路上傳打扮光鮮亮麗、過度強調外表的照片（我就看過女神職人員穿著低胸拍照，或是刻意為自己營造出如同明星般亮麗美豔的形象），多半不是抱著樸素心走靈修，而是以美色引誘他人前去他們的宮壇、道場。

或許你會說：「愛美不是人的天性嗎？」然而，靈修法門是回歸樸實之心，若連外表都放不下，又要如何走靈修？當然，靈修人並不是不能打扮，而是要看身分與場所。不論男女主事者，信徒亦有男有女，如果還特別營造出明星般的形象，或許就像母娘所言：「易使道場發生情事糾纏，破壞道場之清淨。」正因為如此，我從來不會想在網站上放上美美的宣傳照，一方面我自認自己是靈修人，而非藝人，另一方面也是擔心我的不善心會吸引不善心的人前來。

一個人在今世若未能妥善處理性與情感問題，進入宗教場域時往往更難得到化解——生活中未處理好的人際關係、金錢課題等等也是如此。在靈修修持上，並沒有前例指出要排除與減少性欲的說法，主因是靈修在臺灣也僅僅只有七十多年，算是相當年輕的新興信仰，在沒有相關經文、典籍輔助之下，靈修人也只能自行摸索與體悟。

性欲會影響靈修嗎？

一般人在吃入五穀雜糧補足後天之氣後，會充足精氣而有活力，有性欲是正常的身體反應。無極靈修法並不特別強調刻意減少或排除性欲，因為這樣只會抑制它，性的強大力量最終還是會從其他方面發洩出來，例如夢、胡思亂想等，許多修行者就算長期不近女色，也難免會在夢中出現淫念。

不過，在靈動煅身功法中，便藏有化解性與降低性欲的祕訣。靈修人真正進入到煅身訓體時，性的能量將從底部走入中脈得到昇華，配合深層呼吸法，元神會引導這股力量從靈動的躁動轉為平靜的狀態，例如靈動後會自發性轉為靜坐，或是呈現站姿不斷地呼吸吐納等的狀態，此時便是要透過無念將炁轉入中脈進入到元神。因此，深入打坐之人便會感覺心較為清明，性欲也相對地不似以往強烈，而靈修之人只要常常靈動訓體，也會有相同的身體感受——這並不是表示沒有性欲，而是指不受性欲所操控。

另外，靜坐時所點燃的香也扮演相當重要的角色，質地優質的香能降低人們在靜坐時所產生的雜念，同時還有助消弭性的欲望。行筆至此，不禁要再次提醒讀者，許多靈修人鄙棄靈動、輕忽靜坐而只重視接主神、領無形寶，這是相當危險與可惜的地方；透過靈動與靜坐的功法將精氣轉入神，是非常必需也是必要的過程。

靈修可以分為許多層次，最終仍要回歸身體修練與修持元神能量。元神在靈修中扮演非常重要的角色，以會靈來說，便是透過轉換元神出神後與仙佛靈氣相會，一名靈乩在請示仙佛時亦是透過元神與仙佛連結，當靈修人元神耗弱、精神不濟時，便無法提振元神進入神的領域，更遑論修持所謂的轉靈練真元。如同前文所述，道家的修練中便提到「神者，氣之靈明也，是神化於氣，氣無精不化，是氣又化於精矣」，說明靈魂與元神的合一、積精固氣是必要的修練，而「神以氣會、精以神聚，欲求精聚神會，非聚氣不能也」，精、氣、神相輔相成，不可分割。

一名真正了解靈修奧義的老師，在教導靈修人時必定會視性別不同而有所區別，畢竟男女的天性本就不同，雖然我在靈修沒有特別開長期的課程，但在教導「深層內觀瑜伽」時會私下關心男學員練完瑜伽後身體是否有任何與性方面的反應，而在女學員方面則是會特別留意婚姻與情感的問題，並適時適度地給予建議。

礙於書本的尺度以及不同讀者對修行的認知，此議題就此止筆，對此有興趣的讀者只需謹記，千萬不要將靈修停留在神鬼的玄妙世界太久，回歸心與身體的實修才是重點。

❶泛指教導宗教以及身心靈之場所。

Q33 常見的靈修方法有哪些？這些修行法門的用意是什麼？可以拿來評斷靈修人的程度嗎？

靈修法最難學的不是捉妖除魔、渡亡魂超薦冤死亡靈、鎮日學一些無形陣法或儀軌，而是能不能將心靜下來觀察人性、等待因緣。

靈修並沒有固定的修行方法，主要仍看靈乩本身的修持，以及在養成過程中將所學習到的觀念、儀軌融入自己的想法。現階段的靈修法百家爭鳴，這也是靈修新鮮人對靈修一直摸不著頭緒的原因。雖然各主事者的教導不同，宮壇的啟靈與靈修脈絡依然不脫離以下的幾個儀軌，相信常跑宮壇的人對表格所列的內容都不會感到陌生。

或許你會問我：你如何認定以下儀軌對靈修人而言是否必要？我必須澄清的是，靈修沒有絕對，一切都必須靠自己的雙腳去走。靈修是靠自己的經驗、實證與思辨，對於表格內容和我的看法，讀者不妨留一點空間給自己思考。

①啟靈

＊身綁紅布轉圈圈
＊紙蓮花八卦陣
＊踩蓮花七星陣

在靈修中扮演相當重要的入門磚，它的角色就像入學註冊。啟靈是一種逆向式的修練方式，啟發元神後，靈通能力才被喚醒，靈修人的意識會更加清晰，在精神、身體等方面也會更加敏銳。轉圈是坊間最常見的啟靈法，通常由宮壇主事者、師兄姊帶領，讓當事者在仙佛前自發性轉圈圈，透過暈眩感達到自我啟靈。後來所延伸出的八卦陣、七星陣等，大部分是後人挪用奇門遁甲、術法概念融入啟靈法中。

他人啟靈大部分都是外力介入之下的行為，我個人並不認同，靈修固然令人新奇，但靈修既然被稱為無極修，當事者與主事者皆應抱持隨順因緣的態度，硬讓一個人啟靈，當事者大都會難以處理身體與精神方面的問題。

我並不認為花錢請人啟靈會真的有效，曾經就有讀者真心分享過：「我朋友想啟靈，宮廟說要花六千六百元，而且還不保證可以喔，希望大家不要再被騙了。」

為什麼不保證？因為保證做得到就肯定是假的，靈修是無極法，怎麼可能有保證？既然如此，為什麼要花錢去買一個未知呢？啟靈本來就不能強求，啟靈後的後果不是宮壇所能負責的。

②赦因果

*以擲筊的方式請示仙佛赦免累世罪業

*靈修人到仙佛前呈上親自書寫的天文後燒化

*靈修人轉化元神後以靈語向仙佛稟告

*在靈乩前輩協助下淨化元神

可分為天赦、地赦兩種，一般稱為天地赦。關於天赦，有兩派說法，一是以「玉皇大帝及南、北斗星君」為對象，另一派則再多加「三官大帝」，因三官大帝分別代表了賜福、赦罪、水官解厄等象徵。靈修人會去嘉義地藏庵與雲林海清宮（包公祖廟）做地赦儀式，大多是以連續擲筊的方式獲得仙佛赦罪；另一派則是準備金紙，若未獲得同意，便累加金紙數量直到連續擲出三次聖筊。做天地赦須配合古書上所記載的日子：春季戊寅日、夏季甲午日、秋季戊申日、冬季甲子日。

至於為什麼要赦因果，坊間的說法是：每一個人都有累世的業障，啟靈後若仍揹負著業障，走靈修難

「我之前花了一萬二請老師做了天地赦，為什麼人生還是不順遂呢？」

「我按○○書上的教導買了一堆金紙做天地赦，怎麼財運還是一直沒有改善？」

「我的老師幫我做了天地赦，怎麼走靈修還是沒有太大的感應呢？」

真的要做天地赦靈修才會平順嗎？天地赦在民間信仰中流傳已久，之後被巧妙地挪用到靈修，可說是民間信仰結合靈修後的儀式。我並不反對民間信仰的做法，但靈修與天地赦其實沒有直接關係，許多靈乩前輩從未做過天地赦，靈修路仍走得相當自在，生活與家庭也顧得非常好。我自己從未做過天地赦，也沒遇到任何前輩說要為我們做天地赦，並沒有因此而覺得人生有什麼阻礙，走靈修近二十年來，也從未遇過冤親債主前來

免困難重重——身分不一樣了，累世冤親債主必會找上門，先獲得仙佛赦罪，預防日後靈修路阻礙重重。

討債，就我個人的經驗來說，天地赦似乎與靈修實修沒有密切的關係。

③轉靈臺

＊手持九色蓮花在頭頂上繞圈圈

＊在九色蓮花（或壽生蓮花）陣內靈動訓體

＊擺上太極圖蓮花陣訓體靈動

靈修中最常見到的說法，有些是宮壇之間相互模仿而來，有些是靈乩延續老師的教導，有些則是真正具靈通的靈乩接收到仙佛訊息而設下不一樣的轉靈臺陣。

普遍的說法是，人經過幾世的輪迴，心愈來愈汙濁，靈魂也愈加沉淪，靈修人在靈修路上會因而力不從心。在轉靈過程中，靈修人在元神帶動下，透過轉靈陣的靈力排出體內穢氣，有助於功力大大提升，逐次與元神更加融合。每一次的轉靈臺後，靈修人的元神意識會增

轉靈臺方法非常多，我在這裡不過於著墨方法，是希望讀者省思：靈修是無極修，許多事情何時做、如何做，必須視靈修人的因緣而定，而非由主事者決定。現在宮壇常常動不動就為靈修人做轉靈臺的儀式，其實一點用處也沒有。

嚴格來說，轉靈臺並不能說是一個儀式，靈修人在靈動時自然就能轉靈臺。曾有一名宮壇宮主拿天文給我看，文中載明須轉靈提振元神，我轉告該訊息時，她也明確表示在書寫過程中確實感應到要轉靈，只是不知如何著手。這位宮主在書寫文天時感應到要轉靈臺，便是她的靈修已走到應該轉靈臺

		強，敏銳度也會大幅度的增加。	的因緣（這只是單一個案，並非每個人都會在靈動、寫天文時有如此感應）。因為這樣，我當然也不會妄自作主要為人設轉靈臺的陣法。 靈修法最難學的不是那些陣法，而是能不能靜心等待因緣成熟。如果你所做的一切都帶著「想要就要達到」的想法，實與無極背道而馳。

靈修的法門非常多，套一句古人的話：「和尚不作怪，信徒不來拜。」聽來諷刺，卻也是事實，一間默默無聞、毫無作為的宮壇，就算主事的靈乩有移山倒海的通天本領，也不會有人想要去請益，因此難免要想一些花招吸引人的注意。但如果你問我可從哪些法門中窺探一名靈乩的能力？我建議對靈修有興趣的人將這句話放入心中：**愈樸實低調、花樣愈少的靈乩，愈值得人尊敬。**

每個靈修人都會有主神嗎？一定要點靈認主，生活才會順遂或與神相應嗎？

與其去追求主神，倒不如好好效法學習某一尊仙佛的精神。

靈修派的點靈認主最早期是由靈乩前輩三霞中的陳玉霞教導點靈脈開始❶，一開始的概念並不是點化元神接引主神，而是接仙佛靈氣改變空間氣場，將空間轉變成一處可以修練的場所。

然而，這樣做其實並不是為了展神通。據傳，日據時代日本當局很排斥臺灣人聚眾惹事，在地的宗教儀式因而被政府視為第一個掃蕩取締的目標——當時有許多具大靈通的靈乩便是因為聚眾❷的罪名而被關入監獄。

陳玉霞前輩的神通能力老早就被日本當局盯上，為了躲避日本警察的追蹤，她不得不放棄道場修練，躲到人跡罕至的深山去修行；為了能繼續完成靈修祕法修練、與仙佛會靈，她會選擇具有靈氣的靈山寶穴躲藏，再以真炁接引仙佛靈力點化寶穴以進行修練。無奈的是，日本警察佈下的眼線眾多，她必須常常換地方藏匿，因此只要觀到何處是寶穴，便做為點穴修練之地。

這便是點靈脈的由來，其立意與現今的點靈認主可說是相差了十萬八千里。前者是兼顧性命安全和靈修修持不得已之下想出來的方法，後者則是吃神明的飯又想靠點靈認主來賺錢……如今臺灣豐衣足食，卻有一群人不思努力，只想靠點靈認主來使人生一帆風順，豈不是很可悲？

陳玉霞前輩往生後，就甚少有靈修人再前往她一手興建的石門妙法寺會靈，她所創的菊元真道宗也隨之沒落。民國六十五年，屏東南州忠義堂堂主陳玉山自創無極法，開始有了「點靈認主」的說法，但這裡的「點靈」仍然不是指接引主神，而是接引主神的靈力點化場域，改變一個空間成為適合靈乩會靈修行之處。不過，這套說法在有心人的刻意操作下，已在這幾年變了調，靈修人一窩蜂地找老師點靈認主，希冀事業、生活、財運一帆風順，同時祈求能有靈通、與仙佛感應。

曾有個案找我確認，老師說他主神是八爺的說法是否屬實，我反問他：「八爺的法是什麼？是學習祂在半夜跑來跑去勾亡魂？祂的開基廟在哪裡？你要去哪裡會祂的靈？」所謂的主神，必有值得後人廣傳的法，例如觀世音菩薩是臺灣最多人信仰的女神之一，因而許多靈修人的靈脈或有緣神尊都與祂有很大的關係（意指觀世音菩薩是許多人共同的主神之一）。要成為一個人的主神有很多的因素，並非任何一尊神明都有機會成為主神，例如《西遊記》中的豬八戒、鐵扇公主、紅孩兒，或是十八王公、黑白無常等等，就不太可能成為一個人的主神。

請勿將時間浪費在追隨那些無法印證的靈脈、主神、指導靈等等，那並不是靈修的本質，也與當初陳玉霞師姑所創的點靈脈有很大的出入。與其去追求主神，倒不如好好效法學習某一尊仙佛的精神。再舉幾個例子更深入表達我對修行的看法：

推崇靈修派瑤池金母的前輩中，最知名的莫過於林千代師姑，當初法華山慈惠堂的母娘醫好了她小兒子的腳疾，讓林師姑立志奉獻一生的心血投入母娘的靈修法，一生為母娘服務。母娘是林千代師姑的主神嗎？我覺得那並不重要，重要的是她一輩子對母娘的虔誠心換取靈修的無極法門，光是這一點就足以我們後輩學習。

我在《靈驗！我在人間看見拜拜背後的祕密》提過一位朋友，他在母娘的提點下開始膜拜玄天上帝。原本我朋友是什麼神都不拜的，母娘也沒有指明玄天上帝與他的關係，只有慈示：「**心中有擔憂與困擾就多拜玄天上帝。**」他就這樣一股腦地投入玄天上帝的信仰中，假日、逢年過節必到草屯松柏嶺受天宮向玄天上帝請安，近年來公司業績和規模蒸蒸日上，還添購了廠房、土地和機臺。

再說說我自己，很多人都知道我在拜母娘，家中佛堂僅僅只有一尊母娘，殊不知我的主神根本不是母娘，而是另有其神，但這幾年來我感受到母娘的庇佑，雖然祂並非我的主神，我仍將祂視為我的信仰中心。

看了這三個案例，你還會覺得尋找主神靈脈是必要的嗎？培養一顆永不退轉的虔誠心更重要——一直盲目的玩尋主神遊戲，卻對神明沒有基本的信仰力，就算主神現前，你也不一定能夠領悟祂的教導。

❶ 請參閱前著作《我在人間的靈修迷藏》。

❷ 純粹是在家或是宮壇教導弟子修練靈修、打坐等。

宮廟說只要寫靈文就是在靈修，但靈修人完全不解釋靈文的含意，連主事者自己也不懂，甚至很少訓體，這真的是在靈修嗎？

靈修不僅包含了寫文天、訓體、跑靈山、會靈，還必須培養能夠自己解讀、了解自己當下在做什麼的能力——你必須擁有覺察的能力，才有辦法自修。

一位靈修老師對靈修的了解程度，會影響到一間宮壇信徒的靈修觀念。靈乩老師會從多元且生活化的角度切入靈修，進而實修，否則只是一名見風轉舵的宮壇主事者罷了。

例如近幾年，某本書掀起了一股點靈的風潮，許多跟點靈認主、接主靈、通靈脈有關的宮廟、靈修老師便如雨後春筍般的出現，《封神榜》、《西遊記》裡的神祇全都在人世間活了過來……直到這幾年，有人開始意識到花一堆錢點靈認主對人生一點助益也沒有後，這股風潮才逐漸退燒。但相信不用多久，又會有一股新風潮興起、取而代之。

靈修不僅包含了寫文天、訓體、跑靈山、會靈，靈修人還必須培養能夠自己解讀、了解自己當下在做什麼的能力——你必須擁有覺察的能力，才有辦法自修，什麼「時間到了你就知道」、「你的主神要讓你知道時，你自然而然就會知道」的說法，其實是自欺欺人的鴕鳥心態。

真正了解靈修的老師與道場，會順應每一個靈修人的心性與特質給予教導：年紀較大、肢體不靈活的靈修人在訓體方面較不方便，就教導他們呼吸法與靜坐，同樣也有機會與元神合一；針對我慢心較重、較自傲的靈修人，則讓他們藉由訓體來磨鍊心性……面對不同的靈修人，自然有不同的引導方式。假設一間靈修道場的觀念狹隘，這不能做，那也不能問，只能像機器人一樣乖乖聽他們的，或許你就可以考慮是否要換一間道場了。

Q36

要順利解讀天文和靈語，只能靠不停練習靜心及專注力，將腦中雜念去除？

寫天文與說靈語是人的潛能，與鬼神絲毫沒有任何牽扯；但要看懂天文與聽懂靈語，必須不帶任何欲望與念頭、專注才能透澈，沒有其他的方法。

天文與靈語是靈修中不可或缺的一環，再加上它很難被解讀，導致解釋天文與靈語的傳說變得愈來愈複雜，名目也愈加冗長。

有人說天文有分寫給天庭和地府，靈語也分講給鬼眾、仙佛，還有一般靈體的；開口講靈語後，最好在七天內（三天也可）請老師開喉，這段期間不要吃米穀、菜類，只能喝水、吃水果，出門最好戴頂帽子，以免被鬼眾看見身上的靈光而招來鬼魅附身；寫天文時會招來鬼靈觀看，所以要呼請天兵天將來護持；天文是寫給神明看的，沒有在宮廟前寫會洩露天機，日後易有惡運纏身；寫靈文隨意燒化會要人命，靈障愈積愈深……對我來說，這些說法都是無稽之談。早期我在公司開會，無聊之際會寫下一堆密密麻麻的天文，開完會後就隨手丟垃圾桶，如果事情真如前文所述的如此恐怖，我怎麼還能好好的活到現在？

天文與靈語，是很難去解釋的事情。以初期來說，寫天文與說靈語都必須以炁帶動身體，日子久了，即使沒有炁的引導，靈修人也能隨手寫下天文，滿口靈語更非難事——這就是假的天文與靈語。就算寫下一堆蝌蚪文，滿口嘰哩瓜啦，看似與仙佛講話，但沒有進入到一心不亂轉換元神、保持無念，皆只是靈修表面，並無進入到靈修核心。

寫天文與說靈語是人的潛能，與鬼神絲毫沒有任何牽扯，但要看懂天文與聽懂靈語，必須不帶任何欲望與念頭，專注才能透澈，沒有其他的方法。靈乩在轉換元神後保持專注無念，便能夠感應到靈界的眾生與氣場，這就是心通[1]——靈乩與陰陽眼、通靈人有很大的區別，靈修人解讀天文與聽靈語的要訣，就是要先做到轉換元神，保持專注。

「接觸靈修五年，還沒能聽懂靈語、沒能看懂天文，也不懂自己靈動在做什麼，常常都是聽前輩說什麼就是什麼。感覺很茫然，這麼多年只是不停的在追逐自己也不知道在做什麼的世界。」「靈修時間大約有四年，雖然已經會靈動、跳駕、說靈語、寫天文，但無法很明確的知道靈在做什麼、說什麼、寫什麼，討厭自己這樣無知及盲目的修，但我又不想放棄這條路。」這些分享道盡了多數靈修人的心聲——坊間靈修都是老師怎麼說怎麼對，反正一般靈修人不懂自己寫的天文、口中所說的靈語。然而，一間正信的靈修道場，一定會教導靈修人靜心的基本功，唯有靜心才能讓後天靈與元神合一，如此靈修人才可能領悟自己所寫的天文與所說的靈語，而不是像國小教室一樣，由老師鎮日批閱靈修人的天文，將靈修道場當成教室經營——一名讓學生依賴他人的靈修老師，只顯示出他是個不了解靈修的人。

唯有訓練自己保持靜心，在書寫天文與說靈語時轉換元神意識，才能慢慢了解天文與靈語內容，在因緣成熟之際，甚至還能在書寫天文時於腦海浮現出與天文相關的畫面。靈修之事奧妙不可多言，唯有一步一腳印的人才會有所體悟。

❶ 如欲了解更多靈乩的體質與修練，請參閱《我在人間的靈修迷藏》。

Q37

翻天文與靈語時須體會那個感覺，可是在解讀的時候會不會只是大腦在自我幻化？

無法了解天文與靈語最主要的原因，是靈修人一直將意識保持清醒，天文與靈語本就是無形訊息，它不是你所認知的文字與語言，你必須進入無念無為的狀況，保持在元神意識中，才能了解當中的訊息。

靈修之所以難修，就是因為「心」隨時隨地都在變化，沒有實修的心很難控制，隨時隨地都會干擾辦事及靈修的過程。

靈修是一條自修、自悟之路，一旦發現心偏頗了，就必須覺察它、修正它，否則時間一久，就算想將它拉回來，也會力不從心。

靈乩是運用元神（精神力）請示母娘，早期我為人辦事，最高紀錄是從早上十點一直忙到晚上八點。隨著年紀增長，我逐漸縮短問事的時間，因為長時間處理問事不僅會耗弱元神能量、有礙訓體與自修，問事品質也嚴重受到影響，結束後更是沒有多餘的精神與體力處理私事。靈乩不同於通靈人或乩童，不論是為人辨事或平時自我修練，元神耗弱與專注力下降都會干擾靈乩的修行，靈修人將守護元神視為生命般珍貴——千萬不要將跑靈山、會靈、接靈脈、領無形寶當成過關斬將的遊戲，生活當中的每一時、每一刻都是靈修，也都在考驗靈修人的專注力。

現實生活中，除了工作，與我密切連繫的朋友屈指可數；除了教課、會靈及旅遊，我大部分的時間都是寫作、閱讀、靜坐、靈修，沒有太多時間與人互動、應酬。這種情況並不少見，事實上，真正的靈乩到了後期大都深居簡出，不太與人互動，也易讓別人覺得孤冷，然而，這是因為靈乩深知：**生活必須專一與單純，靈修才能更為精進**。因此，避免應酬與過多的言語是絕對必要的。

至於「寫天文與說靈語時會不會是大腦自我幻化？」這個問題，得回歸到當事者才能體會。靈修人在寫天文與說靈語時保持一心不亂、高度專注，必能體悟天文與靈語所透露的訊息——如人飲水，冷暖自知——這是後天靈與元神合一。那就好像你遇見生命中所愛的另一半，毋須分辨真假，便明白愛就是如此。

假設在寫天文與說靈語的過程中絲毫不清楚，只知道拚命地寫，結束後得拿去給老師、前輩批閱與解讀，那就代表你根本沒有專心。

無法了解天文與靈語最主要的原因，是因為靈修人一直保持在意識清醒狀態，天文與

解讀天文與靈語的奧義

靈語本就是無形訊息，不是你所認知的文字與語言，你必須進入無念無為，進入到元神意識狀態才能了解天文、靈語的涵意。煅身、靈動、會靈，就是訓練「降低後天意識，讓元神意識甦醒」的過程，當元神意識覺醒後，靈修人便能了解自己與他人的天文與靈語——靈修被稱之為無極，也是這個原因。

當你完全地與元神融合為一，你不僅能夠洞悉靈語、天文，更最要的是能從此了解「人生道路」該往何處去。不再跟一般人一樣人云亦云，說靈修如何可怕、不小心會入魔……因為，你的修煉心足以支撐你內在的力量，擁有了完全的洞見，不再被虛幻不實的言語蒙蔽。

此外，靈修非常重視生活與修行合一，絕對不可能有靈修人菸酒不離手、生活一團亂、大魚大肉、作息不正常又不重視養生，卻自稱是大靈乩、說自己的靈修如何與眾不同。如果有人自稱是大畫家，但是一年到頭拿筆畫畫的次數少之又少，你會相信他嗎？靈修修練場絕不只是在神像面前，生活中處處都在檢視靈修心。

靈修是一門自我覺察與觀照的自修法門，唯有你才知道自己的心是否跑掉了，因此，不用費盡腦筋去想天文與靈語的真假，當你能夠在生活中無時無刻克守心不外放，在書寫天文與說靈語時保持專一，便能洞徹其中的涵義，真與假已不存在。

Q38

靈修一定要經歷靈動的歷程嗎？

瑤池金母傳下靈修法最基本的核心目的是強身健體，就這一層理由來看待靈修，靈動的確有其必要性。

在正式回答「靈修是否一定要靈動」這個問題之前，我想讓大家先釐清：靈動的目的究竟是什麼。

下一頁圖表傳達的僅是透過靈動能夠達到的常見結果，其中，強身健體是最直接也最根本的目的。

然而，暫且不論靈動後所生的感知能力，光是要強身健體，就已讓許多靈修人吃盡苦頭——初期的靈動，必須配合深層呼吸才能運轉丹田之氣，這牽涉到呼吸法的練習及平時體內炁是否充足。

回到主題，靈修一定要經歷靈動的歷程嗎？就第一項強身健體來說，是有必要性的，這也是瑤池金母傳下靈修法最核心的目的。

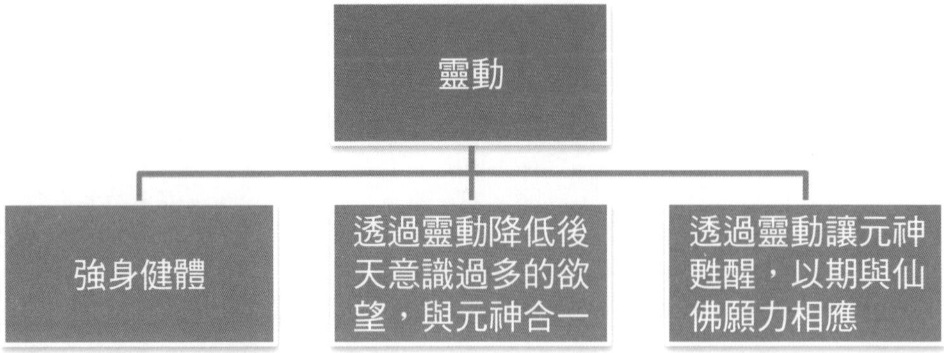

靈動

強身健體

透過靈動降低後天意識過多的欲望，與元神合一

透過靈動讓元神甦醒，以期與仙佛願力相應

靈動的意義是什麼？

靈修人在強大的專注力之下靈動，有助於消融內心過多的欲望與貪求，進而改變後天意識的思想與行為。靈動不僅能夠讓內心的苦得到宣洩，還能在心性改變後扭轉未來的命運，這是靈動較高層的意義。

此外，靈動降低後天意識後，才能與元神合一[1]，這是靈動的意義之一，也是靈修的最終目的。**所謂的合一並不是後天靈與元神的相交，而是回到靈的最原始狀態。**元神與靈的境界非常相似，因此，靈乩需透過元神才能夠與外靈交通，進而與仙佛的願力相應，這同時也是靈乩在辦聖事（如堪輿、靈療、訓體）的主要力量——一名靈乩的元神能量不夠強大，便無法修練以及辦聖事。

靈動，沒有太多的要領，必須先讓心回到它應有的狀態——靜、樸。《道德經》云：「古之善為道者，微妙玄通，深不可識。……敦兮其若樸，曠兮其若谷，渾兮其若濁。孰能濁以靜之徐清，孰能安以動之徐生………。」意思是，誰能讓那汙穢不堪的水回到寧謐與清澈；當回到最極致的靜再生動時，則是生生不息、永不停歇。這同時也是「靈動」的本質及要領，掌握了呼吸、中脈、爐火（丹田）、緩慢與中道的要領，你的元神也將影響你的心與人生，再次獲得全新的生成。

然而，你必須明白，元神並不是一個靈體，它是一個沒有欲望、無念的中性體，你能將它解釋為精神、能量、先天之炁，卻無法明確的定義它，你只能靠自己去體悟，唯有讓意識保持無念狀態，才能與元神合一，元神合一後的靈修人必有更大的力量去完成想做之事，而不是每天過著茫然的生活——許多人以為跑靈山、會靈、接無形寶就是靈修的目的，實在是大錯特錯，靈修人若無法進入無念靈動的狀態，後面的靈修之路都將是白費力氣，就算跑遍了全世界的靈山，依然無法進入到靈修真正的核心。

❶ 關於元神合一的目的請參閱前著《瑜伽、禪定、靈修，一段不可思議的能量旅程》。

Q39

為什麼靈動的時候能夠做出平時不會做也做不到的動作？有宮壇老師說是外靈附身，也有人說是仙佛降臨。每次做完都覺得渾身舒暢，這又是為什麼？

靈動與訓體明明就是一套自癒與平衡的功法，不了解的人卻總愛為它貼上神明附體、外靈附身、鬼靈作祟、祖先靈等各種標籤。

當一個人進到靈動狀態，體內的炁會運轉全身七萬兩千條以上的氣脈，疏通阻塞的穴道及不甚流通的氣脈。依照不同的體質，肢體會出現平時所做不到的動作，例如轉圈、打拳、拉筋、伸展、瑜伽等等，這些過程都與外靈沒有關係，純粹是炁入氣脈導致的自發性行為。

重點是，這些自發性行為是你很難想像的，你可能會看到弱女子突然打出一套拳路，骨頭硬邦邦的男人想要劈腿，非常木訥、理性的人在炁入全身經絡後竟能做出柔軟的體位法，一些鬱悶、憂慮過甚的人會特別想大喊大叫……十分不可思議。

宇宙與大自然是一套大型的平衡系統，人降生到世間，便是要與大宇宙及自然取得平衡共振。無明（煩惱）與貪欲的心，心理與身體嚴重的混亂、矛盾，內在充塞著緊繃的情緒，再加上對於物質過多的貪求與不滿不斷積累，久而久之，人體便失去了與大自然連結的能量，打壞了體內這套平衡系統。然而，炁入全身後，會平衡太過剛硬或柔弱的身體與個性，這個平衡過程會顯現在靈動上，因而才會出現你大腦無法想像的肢體動作——而這個平衡的過程，也是靈修法門會冠上無極或中道等名稱的原因所在。

瑤池金母在七十多年前降下無極煆身法❶，就是要讓元神引導人進入身體、心理的自我療癒，進而促成靈性的開展，再次與大自然取得共振平衡。有趣的是，人類總是害怕未知的事物，對付這些事物最直接的方式就是貼標籤，靈動與訓體明明就是一套自癒與平衡的功法，不了解的人卻總愛為它貼上各種標籤以求心安，例如神明附體、外靈附身、鬼靈作祟、祖先靈……這不僅無助於人體平衡連結，反而再次剝奪了人與大自然連結的大好機會。

❶請參閱《我在人間的靈修迷藏》。

靈動時常會做出類似仙佛菩薩的招牌動作，宮壇老師說這是靈駕，有時會出現一些虎、蛇、鶴的動作，又被說是外靈附身，這是真的嗎？

靈動時，仙佛本尊完全不可能降到世間，最多只是仙佛的靈力投射到靈乩身上。

人進到靈動狀態，心念只要有任何變化，都會在外面表現出來，再加上身處在神像林立的宮壇，腦中所聽盡是鬼神之事，意識無時無刻填滿仙佛形象，靈動時自然而然就會顯現出平時潛藏在腦中的神鬼樣貌。我常在靈山廟宇見靈乩自稱是某仙佛降臨辦事，或是在訓體時自稱是仙佛降乩訓體而現出鳳凰、虎爺及仙佛的姿態，大部分都只是內在潛意識所投射出來的假象靈動。

靈動時，仙佛本尊完全不可能降到世間，最多只是仙佛的靈力投射到靈乩身上。因此，你可以觀察靈動者的眼神及其四周的氣場變化：當靈修人的元神真正接應到仙佛，靈動時會注意力高度集中且進入出神狀態，也因為仙佛靈力降臨，空間會瞬間籠罩著一股嚴肅又寧靜的氛圍，以上細膩變化必須仔細觀察才能意會。

靈修當中的怪力亂神，大多是從靈動訓體開始的，例如要轉靈駕身、某神尊降駕辦事、神明來操肉體渡冤親債主，靈修人若出現偏武將的動作，就會說是玄天上帝、關聖帝君降乩，若偏文，就會說是呂仙祖、觀世音菩薩訓體，分不清楚乩童與靈乩的主事者，會將靈修人當乩童，在靈動時操五寶、耍令旗……但這都是搞不清楚修練靈乩的路徑。

再次提醒，靈乩與乩身是完全不相同的體質，我透過研究大量文獻與自身經驗的實證，仙佛的本尊絕不會將靈降乩到靈乩身上，之所以會顯現出動物的靈動動作，有高達九成以上與潛意識有關，剩下的一成是當事者修持靈修甚久，可能元神在過去世中曾與某仙佛修習過而展露一套專屬的功法——就未深入修練煅身的人而言，此機率微乎其微。

在靈動時出現動物的肢體動作，有時也可能與腦海中閃過一些仙佛形象有關，例如孫悟空、虎爺、白素貞、南極仙翁的白鶴坐騎等等，一般不明就理的老師就會稱這是低等靈附身或是仙佛降乩。人的靈魂非常複雜且不純淨，任何一條外靈要與人的靈魂有所連結，都是非常困難的，瑤池金母云：**「人心不動，外靈不入，意念動，心能幻化無數萬千。」**指**一個人在靈動時心不為所動，任何的外靈（包含魔）都不能入身**，即使意念動，外靈要入身也非易事，但不安的心卻早已幻化無數幻相——這反而比外靈入侵更嚴重。因此，靈修人靈動時切勿陷入心的幻相中而不自知。

41

靈動時會因心性問題而選擇性的做出動作？肉體承受不了靈動功法時該如何調整？我會調整呼吸讓動作變慢，但某些動作仍無法完成，會想直接跳過，會不會因此而無法進步？

如果靈修人在靈動當下一而再、再而三地跳過自發性的動作，等於失去日後與元神合一的機會。

靈修人在靈動時，常會意識到身體似乎要做出某種行為，例如轉圈圈、大跳躍、用背部去拍牆壁，或是做出平常做不出來的柔軟動作，靈修人若沒有在生活中實際去操練肢體記憶，大多數的自然反應便是選擇跳過或中止動作。

「想要」控制靈動的動作，就是一種有為，有為的念頭將會阻斷意識進入元神意識；一心保持無念、專注，持續觀察呼吸，去察覺如何克服這些平時做不到的動作，才是靈修路上最重要的內在心法。

一般情況下，人體都有一套自己的肢體記憶，運動員、瑜伽士、舞蹈家的肢體記憶都比正常人靈活，如此長期訓練身體機能達到靈動狀態的人，幾乎都足以應付炁入丹田疏通左右脈後所帶動的一連串體位法、靈動。

進入真正的靈動狀態時，隱約間可以感知到炁要帶領身體做出某種動作（你也可以說那是元神引導下的靈動），例如後彎腰（刺激前後任督兩脈）、跳躍（藉由跳躍讓體內的氣更為順暢）……這些都不是平常人能做到的動作，尤其是一些中年後才走靈修的靈修人，要做到靈動時的自發性動作一定有其困難度——早期我在新竹盤古廟靈動時，就因為一直在後彎腰、頭頂水泥地而吃盡苦頭。

當靈修人感知到靈動的動作可能不是自己能夠應付時，有些人會選擇性跳過以避免身體受傷，然而，靈修人如果一而再、再而三地跳過靈動的自發性動作，也就等於失去了日後與元神合一的機會。

我常常會遇到一些上了年紀的中年靈修人，在我面前大言不慚地說：「我靈修已經相當厲害，靈動這種小事早就做過了。我看一些人還在靈動，就知道他們的程度到哪裡……」看著他腹大如牛肚、骨僵如石頭的身材，我心想：「是你放任自己的身體，不思精進吧！」

想要避免身體靈活度跟不上靈動的狀況，最好的方式是——在結束靈動後回想有哪些動作做不到，趁著平時多多訓練肢體的靈活度，例如去上一些瑜伽課、太極拳、伸展操等等，透過有為的健身訓練讓身體變健康，日後靈動時便能在元神帶領下順應炁的運行。這同時也是靈修的目標——有為為體，無為為用，以元神為主宰進行修練，有為是後天，無為是先天……靈修之修持為後天返先天❶。

❶此文乃仙佛所降的靈修心法，全文請參見《我在人間與靈界對話》。

Q42

靈動時希望能調整體內氣場，促進身體健康，也會有一些自我靈療的肢體動作出現，這是不是都是自我催眠？應如何避免？

靈動時要保持無念且專注是非常不容易的事，想避免自我暗示，就要強化專注力的練習。

潛意識的運作非常細膩，任何心思都逃不過潛意識的範圍；另一方面，只要有一絲絲的念頭出現，都會表現在靈動上，例如壓抑的情緒、想要有靈通、想要與眾不同，這些不為外人所知的想法都會在靈動時顯現出來，在實修的靈乩眼中也將無所遁逃。

你不要以為那些在宮廟、道場前靈動的人，都是在元神帶動下做出動作的，其實當中有九成五以上都是亂動、集體催眠、氣動❶，不然就是潛意識下的無意識動，這些都與元神合一、訓體沒有太大的關係。

靈動時要保持無念且專注是非常不容易的事，想避免自我暗示，就要強化專注力的練習。未訓練的心就像一匹脫韁野馬，無時無刻東想西想。因此，靈修人最好每日都要進行靜坐的定課，這不是為了神通，也與感應沒有關係，靜坐除了能讓心保持長時間的專注力，還能淨化混亂的思緒。

我上研究所時，曾修習正念的課程，之後還到內觀中心學習印度葛印卡老師的內觀法、參加過南傳雨安居學習安般念靜坐，這些都對我的靈動訓體有非常大的幫助。因此，我在教導靈修時一定都會有靜坐練習，連教授瑜伽也會要求學員靜坐至少二十分鐘。靈修沒有捷徑，每天打坐是必需的。

靈動時確實很容易著相❷，靈動時意念離開元神，觀想到任何一尊仙佛菩薩，靈動的肢體動作就會立即轉變成意念對象，很多人在宮廟前靈動就自以為接到了仙佛靈氣，其實多半都是潛意識幻化出來的動作。因此，靈動、會靈時切記意念要完全專注在呼吸或額頭，如此才能穩定地讓意念向內地進入靈動狀態，讓左右脈暢通，進而喚醒元神。

另外，靈動時要特別留意，務必將眼睛打開、保持專注、觀察呼吸。分享一則讀者在家靈動的疑問：

「我練靈動時，感覺到氣一直往頭上衝，後來整個人無意識的往後倒，我也不知道自己是怎麼倒下的，是因為倒下時頭撞到地上，有痛的感覺，在家人的叫喚下我才醒來，醒來時只覺得身體很麻……想請教老師，該如何預防無意識的狀況，還是我該注意些什麼？」

我走靈修將近二十年，在家靈動時從未發生外靈附身，處理過不少靈修人的身體問題，也從來不曾發現有人在靈動時有外靈附身現象，大部分人的問題都出在無法掌握靈動如何進入元神合一。想要避免讀者來信中提到的問題，只要將眼睛打開便可以了。一般人以為要「忘情地靈動」就是要將眼睛閉上，其實只是將靈動場域當舞池罷了，**想要真正透過靈動進入元神意識，就是在訓體、靈動時意識保持在清醒與身體放鬆，**這是許多宮壇沒有教的靈動要訣。

❶身體長時間處於站姿或盤坐時，便會自發性出現晃動現象，這是因為身體在平靜狀態，體內的氣會牽動身體前後左右搖晃，這純粹是自然現象，與靈動、外靈沒有任何關係。

❷看見任何事物都會映入潛意識，在靈動時便會顯現曾見過的事物形態。

Q43

走靈修真的要四處會靈嗎？我已婚又有小孩，而且家人不同意我假日四處去會靈，在家該如何走靈修？

有人適合靈動、有人適合靜坐，靈修沒有固定模式，端看個人因緣而已。

在《我在人間的靈修迷藏》中，我提到靈乩前輩、臺北淡水天元宮創辦人黃阿寬的一個重要觀念：一直以靈動的方式不斷會靈，未來一定會出問題。黃阿寬前輩也進一步表示，他並不是完全反對人們靈動，而是指靈修要視每一個人的身體、年齡及家庭狀況而定，有人適合靈動、有人適合靜坐，靈修沒有固定模式，端看個人因緣而已。因此，有家庭的靈修人也無須堅持跑靈山，依然是可以在家自在修，進行靈修修練。

我也不太鼓勵靈修非要四處會靈接旨——尤其是「盲目」跟隨宮壇到處跑靈山的人。靈修是自在修，「自在」的意思是：只要是心虔誠，對神明信任，無處不是修行的道場。

二〇一七年九月舉辦了一場瑤池金母金身開光典禮，隔天我驅車前往苗栗仙山供奉九天母娘的靈洞宮，以及山下的協靈宮會靈，為了這一場金身開光典禮，我已經忙了一週多都沒有休息，在協靈宮二樓打坐時早已疲憊不堪，更遑論要起身靈動。此時突然意識到：家中已有母娘顯現金身，我又何須外求呢？是啊，到全國各會靈聖地是為了禮敬朝拜無極界與太極界的仙佛，但仙佛無所不在，家裡若有神像或是住家附近有正信寺廟，處處都是可以靈修之處，又何必為了靈修造成家庭革命呢？未雕刻母娘金身前，我家佛堂僅有一張寫有無極瑤池金母的自製紙神牌，已仙逝的林千代師姑家中也只有一支母娘令旗。靈修無處不在，心有神即可會靈。

家庭主婦若接觸靈修，為了避免引起家庭不必要的爭端，若家人同意，在家中的佛堂也可以會靈，只要虔誠，有緣之際都可以接到仙佛的功法與功課。

Q44

跑靈山的第一步該怎麼做？這麼多靈山廟宇該怎麼選擇？

靈修人會靈的廟宇應該只有兩種類型，一是遠古神，二是開基廟。

現今靈修界出現了一個詭譎現象，幾乎任何一間廟都可以被列為會靈的廟宇，有些廟是佛教聖地，有些廟建廟只有三至五年，有些甚至還是觀光景點！其實，見廟就訓體會靈雖然不一定就會發生外靈附身，但盲目地四處會靈卻是非常危險的舉動。

更讓人傻眼的是，不只來歷不明的廟宇成為會靈勝地，一些特殊的地理環境也被列入必會之地——如日據時代死傷無數的戰場，就連一顆外型奇特的石頭、木頭等，都成了靈修人的會靈場所或對象……我不禁為這些靈修人捏把冷汗，暫且不論複雜的靈的問題，這些地方乏人管理，有些則是主事者修練程度良莠不齊、常會有低等靈依附，會靈時難免會沾染到不好的氣場，實在不能不小心謹慎。

此外，由於靈動風潮大舉入侵各大寺廟，有不少佛寺、廟宇因而貼上禁止靈動的告示牌，表明他們不歡迎起乩的行徑。

其實，靈修人會靈的廟宇只有兩種類型，一是遠古神，二是開基廟❶。這兩類廟宇裡的神尊都是最原始的神祇——例如遠古神是指盤古、神農大帝、瑤池金母、虛空地母等，祂們在中國神話故事中都代表最原始的神尊，至於開基廟，則是指最早在臺灣膜拜某一尊神祇的廟宇。如此，主神的願力才能在靈修人會靈時引領他找到初心。

初期會靈，建議以五母的廟宇為主，例如花蓮慈惠堂、勝安宮（兩間均為瑤池金母初降人間的開基廟）、苗栗仙山（九天母娘）、南投地母廟、古坑地母廟（兩間均是膜拜地母）、和平鄉驪山老母、嘉義半天岩（準提佛母）、屏東滿州九龍山順龍宮（俗稱皇媽宮），這些都是臺灣第一座的開基廟宇，也是靈修人會靈必去的遠古神廟宇，建議以這幾間傳統的開基遠古神明為主。如果時間不允許一一前往朝聖，有三間廟是會靈必去之地：

①**花蓮慈惠堂、勝安宮**：我曾在一次靈修講座中聽到幾位靈修超過五年的靈修人表示自己從未去過花蓮會母娘，我當場義正辭嚴地表示：「無極靈修法是由母娘在花蓮傳承下來，靈修人豈有不去朝聖的道理？」此外，曾有一位從未接觸過靈修的女學員，只在我的課堂上聽我講過母娘的慈悲願力，後來有一年，她與男友在母娘聖誕當天一同前去花蓮向母娘祝壽，麻瓜一族的男友竟在大殿前感應到強大的靈動感，在上香後整個身體大幅度

的前後搖晃，彷彿有一股看不到的神力在拉扯著他。從見識到母娘不可思議的神力那天起，男友開始相信冥冥之中真的有神明的存在。

②苗栗仙山九天母娘：九天母娘精通天地陰陽術與兵法，相傳曾受瑤池金母遣使，傳授術法兵符印劍，幫助黃帝打敗蚩尤、平定四方；古書上也記載，九天玄女為黃帝之師。在古代，九天玄女因深諳兵法，心性正義，常常化身女性神仙形象救助危難，後被中國道教奉為地位僅次於瑤池金母的神祇。祂在靈修派又稱為靈修教母，想精練靈療、術法、陰陽術法的靈修人若常會九天母娘的靈脈，元神必會得到九天母娘真傳。此外，在靈動煆身方面深感氣練不上身的靈修人，會靈九天母娘亦能得母娘靈氣，氣入丹田有助於訓體。

③屏東滿州九龍山順龍宮：相傳九龍山順龍宮的主神皇媽，便是民間故事「狸貓換太子」中宋朝宋仁宗之母——李宸妃❷。而在真實的史料中，李宸妃護子心切，至死仍不得與子相見，死後被仁慈厚道的劉皇后封為宸妃，李宸妃也因為這段護子事跡而被坊間追封為神，因而使得皇媽在靈修派有「靈修人保母」之譽，守護靈修人的元神不受侵擾。關於我在九龍山順龍宮會靈皇媽之神奇經歷，日後將另著書講述。

提醒靈修人勿將仙山廟宇會靈當成集點活動（甚至有宮壇帶靈修人到埃及會金字塔、大陸會天池、祕魯會祕境……），跑靈山除了當下心的感悟之外，還要你真正有會到靈（俗稱「接到」）——不要將會靈當成拜拜。

你可以有登臺灣百岳的壯志，但千萬不要有會完全國百廟的心——將靈修當成「過關斬將」的闖關遊戲，一山會完又一山，一廟拜完又一廟，是靈修人最常犯的錯誤。套句靈乩前輩林千代的話：「天只要讓你看一角，你就辦不完了。」會靈山的廟宇不求多，虔誠心為首要，只要有心接到一尊仙佛所教導的法，一輩子就受用不盡。千萬不要迷信什麼上百座的會靈勝地，暫且不論當中是否有邪靈，這種人云亦云的態度只會讓你浪費金錢與時間，卻難以走入靈修的核心。

❶ 請參閱《我在人間與靈界對話》。
❷ 狸貓換太子為戲曲故事而非史實。

Q45

我到廟宇拜拜時看過許多人起乩、集體跳舞，甚至哭哭啼啼，這些都是真的嗎？靈修人都要這樣嗎？

靈修聽得再多，也只是他人的經驗，與我們無關；別人會靈山哭哭啼啼、出現各式各樣的表現，都是他們自己的事。

我常聽到個案說：「那種哭哭啼啼的靈修好可怕，我不喜歡這樣的靈修！」「我就是放不開，那種靈修不適合我。」但當我反問他們：「那你心目中的靈修是什麼？」大部分人又都啞口無言。我於是繼續反問：「如果靈修都得依照你心中的意思，那何來的修呢？」

靈修人千百種，靈修樣貌也無奇不有，靈修的世界真真假假、虛虛實實，如果沒有實證經歷，如何知道別人所做是真是假？唯有經過真，才知道何謂假。現在人都是用耳朵在走靈修，只是聽多、看多就開始懷疑東、擔心西，這一條路只會變得漫長無止境。

「走靈修，不用去管別人在做什麼。」靈修聽得再多，也只是他人的經驗，與我們無關；別人會靈山哭哭啼啼，或是出現各式各樣的表現，都是他們自己的事——走靈修，好好面對你的心比較實際。

我在網路電臺〈宇色心養生〉訪問過一位專精研究靈修十多年的的年輕教授，從攻讀碩士開始，便以深奧難懂的靈修為研究主題，為了深入研究靈修文化，他拜師啟靈，親自參與了跑靈山，十幾年下來，跑過臺灣從北到南大小間靈山廟不計其數，高山峻嶺、峽谷瀑布，只要前人說是會靈之處，他必定二話不說驅車前往。據他所說，為了讓一些非常厲害的靈乩前輩開金口，講述外人所不知的靈修祕密，他花費的金錢直逼七位數。他私下告訴我，這些年來，有許多研究靈修議題的碩博士生請他擔任論文審查口考委員，他一概婉拒，因為他們皆非親自去跑過，也甚少人親自下海被啟靈，大都是從文獻中去了解靈修。何謂靈修？何謂元神？何謂靈語？靈修人為什麼一輩子都摸不清這些靈修名詞，答案就是出在——他們的靈修都停留在看別人怎麼做、聽別人怎麼說，不是依心真正去體悟領受。他懇切地分享，**靈修切勿聽來看來，別人說的不準，就算你看到的，也不一定是真的。**

回到主題：「許多人起乩、集體跳舞，甚至哭哭啼啼，這都是真的嗎？」不要用眼睛去判斷，親自去走一遭，用心去認識它，這才是實證。他人（甚至是自稱大師的靈乩）將靈修講得再天花亂墜，也抵不過你真正的體悟。沒有親身經歷後的體悟，那就不會是真——**靈修，只有親自進入才能感受其中的奧妙。**

我每次去跑靈山都不知道在做什麼，只是跟著別人做相同的動作，又不好意思說沒有感覺，我到底適不適合跑靈山？

在靈修路上，心的感悟力很重要，如果你自欺欺人，最終只是讓靈修這條路離你愈來愈遠。

靈修切勿做出自欺欺人之事，一開始就無法真誠面對自己的心，未來路只會更加的無知。有一篇寓言故事是這樣說的：

瞎了一隻眼的母駱駝帶著小駱駝穿越酷熱的沙漠，行至途中，多日未喝水的牠們倍感口渴。

此時，小駱駝隱約看見右方不遠處有層層水氣冒出，打算上前找水喝，單眼瞎掉的母駱駝看不到右方，牠告訴小駱駝：「別往右邊去，那邊什麼都沒有。」

小駱駝很想相信自己的眼睛，但又想：「媽媽總是比較有經驗。」便掉頭繼續跟媽媽前進。不久，兩隻駱駝都渴死在沙漠上。

其實，距離小駱駝右方不遠處，就有一處綠洲。

這則寓言故事告訴我們：沒有經驗的小駱駝找不到水，是因為無知；看似經驗豐富的老駱駝找不到水，則是因為偏見。有時候，偏見比無知更危險、更可怕。現今許多靈修人在對靈動、靈修不知情，又缺少思辨力的情況下接觸靈修，遇到與心相違背之事，明明自己的感覺與大家都不一樣，卻不敢發表自己的看法，最後就會像故事中的小駱駝一樣。

最重要的是，不要自欺欺人，尤其是靈動訓體、寫天文這檔事，常有人在不好意思的情況下，寧可胡亂動也不好意思向師兄姊表示自己沒有感覺。在靈修路上，心的感悟力很重要，如果你自欺欺人，最終只是讓靈修這條路離你愈來愈遠。記住，要常常去傾聽心的聲音，別將心摀住而只聽見老師與同修的聲音。

Q47

會靈時沒有感覺，被說是不夠誠心，真的是這樣嗎？

會靈不是拜拜，而是一種身與心的修練，虔誠僅是一部分，最重要的是專注力，再加上本身的炁是否具足。

會靈不是民間信仰，是一種修練，虔誠僅是會靈的一小部分，最重要的是專注力，再加上本身的炁是否具足。很多人都以為，神明有移山倒海的能力，只要拚命到這些神明前會靈，一定會比在家中更有感應——這是非常錯誤的觀念。一個正信的靈修老師不會帶靈動感非常弱或連基本的氣動也沒有的初學者全省跑透透，反而會先讓他在道場訓練專注力，等具有真正的靈動感後再到廟宇靈動，這才會有所收穫。

一位在宮壇待了一段時間、年約五十歲的師姊問我：「為什麼我一直訓不起來（靈動無感）。」我看了看她的氣色後，建議她先以中藥調整身體並搭配打坐試看看。

為什麼這樣建議呢？靈動較無感，有時是因為本身氣（後天）不足，難以帶動先天之炁，尤其年過四十五歲，生活作息、飲食的不正常都會讓氣逐漸下滑，女生還會面臨更年期或子宮虛寒，致使先天炁很難從下丹田竄起，更遑論要訓體啟靈、與仙佛會靈了。許多上了年紀的靈修人在靈動時大都只是氣動，更多是所謂的假靈動，那種情況是不可能接到諸天仙佛的願力及功法的。

靈動不是拜拜，而是一種身與心的修練，勢必也牽涉到更廣的身體問題。

48

想做一些跟神明有關的事要請法旨嗎？有旨、沒旨有何差別？

實修之人，心與身體上的實修便能與仙佛願力相應，領旨僅只是形式。

旨是古代皇帝頒佈命令給官員行使的公文，被道教運用到宗教的儀軌中，道教修行人經過一重又一重的考驗後，拿到一張代表玉皇大帝所頒發的旨，才能遣調天兵天將為人民辦事。

早期的宮壇是乩童修練法，訓乩的過程也有這套「領旨、請旨才能辦事」的儀軌，近年來靈修派盛行，自然而然地也將它挪用到其中，演變成靈乩要為神明辦事前，得先領旨才能行使神明旨意。

關於領旨、請旨的說法有三：

一為一種保護自己的做法，有旨護身，外靈不敢入身，不會揹負到外人業障，也能避免被個案的冤親債主找上身；二是一種身分的象徵；三則是代表有主神或玉皇大帝允許（看是領了哪一位仙佛的旨），才具有能力辦無形的事情。

關於「旨」，瑤池金母如此解釋：「領旨代表尊敬神明與天地的崇高，領旨當下是元神與仙佛的相應，元神若與仙佛願力相應，靈修人的言行舉止也應與神祇的願力相符，領旨間接地向天宣示此生行事絕不妄為。」

至於跟「旨」有關的其他疑問，母娘如此表示：

・什麼樣的人才會領到無形旨？

「實修之人，心與身體上的實修便能與仙佛願力相應，領旨僅只是形式。」

・領旨與能力有關係嗎？

「真正有實修的靈修人便能領到無形旨，並不是旨賜予靈修人能力，而是透過靈修人平日的實修才能感知到無形旨的存在，靈修人須現元神原貌與仙佛相應，才能領取旨。」

・領旨後真的具有外靈不侵的功效嗎？

「實修包含了心與身體部分，心克守本分，身體強健體魄，便能與元神合一；心不妄為，不做超過本分之事，又豈會招來外靈干擾？也因具備此心性，方能領旨，並非旨賜予無形護身，是靈修人約束其心性不妄為而護身。」

・是否要領旨才能辦事？

「實修之人必有能力處理眾生之事，辦事是否妄為與適切，則須智慧；領旨與辦事無關，具有領旨能力之人，必尊敬天地與鬼神，其心也就不會超過本分。」

・領旨對於靈修很重要嗎？

「領旨代表尊敬天地與神祇，間接向天宣告此生言行與天地相符，領了旨，靈修人之心較安定，也更具有自我約束之能力。在處理眾生之事，無形間亦能得到仙佛願力的加持。」

Q49

令旗是什麼？

令旗在古代是軍隊傳達命令的信物，被道教沿用後，被視作玉皇大帝親授權力遣調天兵天將的象徵。

令旗與旨有相似之意，在古代是軍隊傳達命令的信物，可以粗分為高級軍官使用的三角旗與一般將領傳令的四方令旗。古代道教沿用了當時的制度，將傳達命令的概念挪移到宗教儀式上，令旗也從人間的器物變成了道士進行法事時的重要法器。

令旗不僅在道教擁有極崇高的地位，道士也將它視為玉皇大帝親授權力遣調天兵天將的象徵。由於令旗在古代都是出現在軍隊中，本身就具有正氣、不可冒犯的能量，就好像將軍的軍帽、軍刀具威嚇感般，因此，令旗在宗教上就被賦予鎮宅、避邪、壓煞等意義。

道教與民間信仰中的乩童有很大的關係，靈乩早期亦是宮壇文化的一部分，三者關係複雜且密不可分，原本只在道教裡出現的令旗，不僅被挪用到民間信仰中的乩童辦事上，也影響到後期靈乩的傳承。

早期的靈乩是從宮壇分化出來的，因此原屬乩童訓乩的元素也常被複製到靈乩身上，例如令旗、神明附身、靈駕身、轉靈駕等等，把大部分思維放在靈乩辦事是否靈驗、須神明授權拿令旗才能辦事等等——主事者本身若是乩童出身，或分不清楚乩童與靈乩的差別，幾乎都會要求靈乩必須拿令旗訓體，或是領了無形令才能辦事。

靈乩要領無形令才能辦事？拿令旗訓體才不會被外靈附身？

從心理層面來說，領無形令確實能讓靈修人心中升起一種自我肯定感，尤其是現實生活中得不到認同的人，往往會認為透過領令旗能獲得強大的無形力量，進一步得到慰藉與肯定。對此，母娘有這樣的開示：「**心性與智慧皆已成熟之人，在決定出手處理事情前，必已思考得相當完善，此時仙佛必在一旁助力，是否有領旨已非重要。而心與智慧均不具備之人，元神並沒有真正的能力能夠出手為人處理，因此，領令辦事只是形式，重點仍是當事人在心性與智慧上的實修。**」

靈乩是否真的需要領無形令或拿令旗才能訓體？答案見仁見智，我本身就從未要過令旗訓體，也不曾領過什麼令才被允許辦事。我必須再次強調，靈乩擁有相當高的自主權來決定自己的人生，**在成為靈乩的路上，心性的成熟與穩定度佔九成以上的因素**，領令、旗只是形式，重要的是靈乩本身是否懂得以圓融的智慧處理無形界鬼神，以及信徒、弟子之事。

Q50 如果不想再拜令旗了，該如何處理？

先問你為什麼不想再拜令旗，不要心存「拜了也沒有比較好」的心來看待任何一件法器。

針對這個問題，且讓我先分享一位個案請示瑤池金母如何處理令旗的案例，再做進一步的分享：

早期不少宮壇師兄姊都說我的主神是玄天上帝，所以我就請了一支代表玄天上帝的令旗回來供奉——妙的是，這間宮壇的主神根本就不是玄天上帝！他們說令旗可以容納萬名將軍兵，請了令旗回家，就有千軍萬馬保護全家；還有師姊教導我，靈乩到各廟宇會靈時必須帶著令旗，元神才不會被外靈牽走。這幾年，我就一直在拜這支令旗。近年來，我感覺與它不相應，拜它也沒有特別的感覺，很想將它處理掉，但沒有再回去之前請令旗的宮壇，不知道該怎麼處理呢？

個案口中令旗種種不可思議的作用，我在《我在人間的靈修迷藏》中已有詳細說明，想深入了解此議題的讀者不妨找來看看。當不想再膜拜令旗時，一般有幾種處理方式：

①帶回原來請令旗的廟方、寺廟，請他們代為處理。

②拿到與令旗同主神的大廟，向主神稟明為何不再供奉令旗的原委後，請廟方燒化掉。

③選擇吉日，在陽臺或住家門口前準備鮮花素果，向天空膜拜，心中祈請令旗代表的主神，稟明一切的原由後再燒化處理。

這位個案來請示瑤池金母時，母娘直指問題核心：「你是帶什麼心態想要將代表神明的令旗處理掉？不要心存『拜了也沒有比較好』的心來看待任何一件法器，若你的心是如此，那只是用怨念的心看待它，就算將它燒化掉了，你未來的靈修路依然不會有所進步，無益於你的靈修心。如果你已經了然於胸，靈修的意義並不在於任何有形的器物，你就找到心中的信仰力量，有無實質的令旗，就沒有那麼重要了，因為神明的願力已在你心中長存。」

走靈修，切勿因某位大師、主事者、師兄姊說領了令旗、無形寶或做某事對你有好處而去做，那只是帶著無知的心走靈修，如此走到最後，仍是無解。靈修的大小事都是必須發自內心的虔誠，切勿人云亦云。

Q51

為何有些靈修人沒有特別學習就能為人收驚、淨化？真的有效嗎？

只要稍具靈動能力的人，就有基本的靈療、收驚能力，而論到功效，就必須看當事者在處理當下是否用心與專注——重要的是要懂得轉換元神運用體內的炁。

靈修人轉換元神意識後，便能在無意識情況下伸手為人收驚與淨化，這是人體的潛在能力，不用經過學習。這種起手便能為人靈療、收驚的能力，大多發生在初啟靈的三至五年左右，我常戲稱此現象為「靈修人的黃金時期」，當事者若能以這段時期的能力為基礎，在靈修路上實修精進，便能在短期間有相當大的收穫，對人生也會有新的啟發。

然而，大部分靈修人往往錯過這個非常重要的修練時期，有一些人淪為某些宮壇的斂財工具，有一些人則是聽說外靈附身才具有靈療能力，甚至被宮壇恐嚇隨便靈療會扛起別人身上無形的業障。

只要稍具靈動能力的人，就有基本的靈療、收驚能力，而談論到功效，就必須看當事者在處理當下是否有用心與專注——重要的是要懂得轉換元神運用體內的炁，不然只是好看的花拳繡腿罷了。

先前，一位已經會靈動的學員也有相同的疑問，於是我請他現場為其他學員靈療。這位學員從未在大眾面前為他人進行靈療，只見他一邊靈療一邊笑，試圖掩飾心中的焦慮。我在一旁感受不到任何的炁，這樣的靈療當然不會有什麼效果，但在我嚴肅地指正了他的態度後，他再次專注為人靈療時就明顯感受到炁的存在了。

除此之外，靈修人為人進行靈療可粗分為幾個層次，經脈理療（推拿按揉）、運氣調氣（沒有身體接觸）、運氣轉因果病（須經仙佛同意）。因果病並不如讀者所想是業障魔考的病，因果病是指每個人從出生那一刻起身體天生就較為虛弱的部分，例如腸胃、皮膚、心臟等等。透過靈療轉化因果病的靈乩須有一定的程度與修練，進行時還須經過神明的允許，並非人人都有辦法進行。隨手為人靈療、收驚可以處理的事情相當有限，畢竟動用到的僅只有靈乩的炁，要談到能夠轉因果病、調整身體多年臟腑不順的靈療，靈乩就必須轉元神意識與仙佛靈力合一。

二〇一七年舉辦了母娘聖誕懺儀，只要向母娘稟明身體不適的原由，並擲出三次聖筊，便可以由我親自靈療。那天有一位曾來找我問事的個案及其家屬也前來參加，這位個案家屬的身體狀況極度不佳，吃中藥多年身體仍不見改善，到了躁熱季節時身體便越發難受，全身上下都是刮痧的痕跡，但只要三日過後再刮，又會有重痧，可見其體內氣如此不順。母娘表示，此人有修行之命，此生必走入道脈修行，可藉修心調養體內臟腑五行氣之不調，母娘告訴他：「練氣能為你調理經筋，有助於本身氣脈平穩，此生道家靈脈，修心養性最為重。」

他告訴我，先前問事回去後，短短數日內又瘦了三公斤，據他的說法是因氣躁導致氣消筋肉。那天經母娘同意後，我為他轉化元神靈療理氣，明顯看見積壓在體內的氣一直往頭上奔竄。那天結束後，個案傳訊息告知：「先生這週以來身體狀況已改善很多，一整天精神都很好！感恩母娘慈悲，感謝宇色老師、助理，還有義工學員們為這場懺儀活動辛勞付出。」與其說是我的能力，不如說是仙佛加持。

許多人都以為出手為人靈療是一件相當厲害的事情，其實靈療的成效背後牽涉太多的因素，不論靈療是屬於前述哪一種層次，一名靈修人為人靈療一定要懂得尊重以及恭請仙佛，畢竟靈乩再厲害也只是人罷了。

一位在母娘聖誕前來幫忙的學員分享道：「其實我在幫別人靈療的過程中，有些人的問題我是感覺不到的，當我無法處理的時候，我會轉身向母娘請教，請母娘指點；很神奇的，往往就會有靈感進來，我會很直覺的說出問題點或處理方式。我的靈療老師是母娘，是母娘在教我，再加上自己後天所學的，加以應用。……這次現場有一位不是懺儀的工作人員在幫信眾靈療，我沒有阻止他，只是笑笑看著他。就像宇色講的，如果自己在靈動時都無法感受到氣的存在，不了解身體氣場運行的方式，也沒有中醫經絡學習的經驗，又要如何看見別人的問題，然後給出建議？」

靈修人為人靈療、收驚，雖不需經過學習，卻必須有相當強大的專注力與炁，如果能夠加上後天對經絡、醫學的認識，會有更大的精進空間。這幾年我已甚少為人收驚靈療——除非獲得母娘同意，主要是因為靈療、收驚會運用到相當強大的先天之炁，何況有時我們難免也會認不清該不該幫——靈療並不是靈乩的工作，也不會讓靈乩獲得任何修行上的助益，靈修人應該要固守元神的炁。是否該伸手幫？何時要幫？如何幫？這不是功效的問題，而是考驗靈修人的圓融與智慧。

走靈修要如何判定來者是善靈或是惡靈呢？

無形界有一個不滅的定律：心與外靈是相等，是你的心決定了祂們，祂們沒有決定的能力。

曾有一位開宮廟的學員問我：「我自己有一些能力能和靈界溝通，該如何判斷所感應的是神或其他靈（因為祂們會偽裝）？」

這是許多走靈修的讀者常有的疑問，我們可以從「靈修人本身該如何判斷來的靈」與「判斷一名靈修人所通的靈」兩個角度來思考。

靈修人本身該如何判斷來的靈？

①**什麼心接引什麼樣的靈**：請時時刻刻檢視你的起心動念，無私無欲，常克守本分，所通的靈必是純粹與良善，能做到這一點，通常就是具相當能力的靈乩了。

②**「靈」能變化莫測，只有氣味無法改變**：不論是鬼、妖、神、魔都具有幻化的能力，唯一無法改變的是氣味，聖靈降駕必伴隨清花香，鬼魅必夾帶潮濕腐爛味。

③**修法是接通外靈的入口**：靈修人必須時時刻刻檢視修法的場所，佛堂、道場是否保持乾淨、明亮、整潔，一名靈修人平時沒有在訓體、靈動，也沒有安排定課，佛堂、道場甚至家裡都髒亂不堪，顯示靈修人的心常處於不穩定狀態，更不可能接到崇高的聖靈。

走靈修時該如何判斷吸引來的靈是好是壞？時時觀照自己的心是恐懼、貪愛、執著有所求或無欲？答案應該就出來了。

該如何判斷一名靈修人所通的靈？

①**靈乩的生活態度決定一切**：一名靈乩若吃喝嫖賭、貪色貪財，生活不檢點、與信徒弟子的交往關係複雜，無論他口中的靈修如何不可思議，也都不可能是真的。心念純淨或汙穢，必會吸引相同的外靈。

②**對神尊的虔誠心**：一名靈乩對神明之事虔誠、不妄求，處事小心謹慎，就算沒有太大的感應與通天本領，有朝一日其靈修也必與眾不同。以林千代師姑為例，她在石壁堂辦事前，必定在母娘前叩頭禮拜，從一樓到三樓，每一尊神明都拜的相當虔誠，她口中時不時都會

提起母娘——此即虔誠心。許多靈修人滿口鬼鬼神神、外靈附身、修功德、領無形寶、帶旨帶令，卻看不出對神明的虔誠心，言行舉止也不符合神明會做之事，這樣的靈乩所通的靈不會太高。

③通聖靈的靈乩絕不會口出恐嚇：真正了解靈修的靈乩，對於鬼神看得比一般人透澈，也因為看得透許多宗教、靈學之事，反而比一般人更具平常心；反倒是那些只略懂皮毛的靈修人常口出恐嚇他人的言論：「若不做某事會有邪靈附身。」「靈動出現鬼吼鬼叫就是有魔上門。」這樣的人相信他所通的靈格不會太高。

「該何判斷所感應的是神？」無形界有一個不滅的定律：心與外靈是相等，是你的心決定了祂們，祂們沒有決定的能力。心念、態度的純淨度決定了你接引到的是仙佛菩薩還是低等的靈。

Q53

宮壇或佛教說念經持咒可以除外靈，這是真的嗎？掛滿護身符也會有用嗎？

人們念經是希望有仙佛的護持，但不要忘了，光是用口念經，依然只是文字，不會產生任何力量，你必須從自己的內心做起。

針對這個問題，瑤池金母是這樣解釋的：「人們念經是希望有仙佛的護持，但不要忘了，光是用口念經，依然只是文字，不會產生任何力量，你必須從自己的內心做起。如果意志不堅定、靈性沒有成長，就算有靈格甚高的仙佛前來、就算接引到仙佛的願力，也不會長久。人類必須知道一件事，唯有你內心的力量強大，念經持咒吸引而來的『靈』才會與你一樣擁有強大的力量與高靈性。」

除此之外，坊間謠傳在家念經持咒會招來鬼靈亡魂，因念經時全身會散出發光芒，吸引鬼魅前來，若想避免此事發生，最好先到廟宇向神明稟明，請神明加以護持，日後在家中念經持咒才會平安。如果你相信、也照著做，那代表你的修行觀中，仙佛菩薩只存在廟宇裡木雕泥塑的神像中。念經持咒只是行為，心清不清淨才是重點，如果持咒念經時滿腦妄想不安靜，如何全身發出毫光？反過來說，念經時如能心思守一專注，此人元神必與仙佛合一，又何必懼怕鬼魅妖靈？由此可知，抱持此邪見之人未必能真正透澈實修。

念經持咒的目的是為了在家自修並藉此修持內在的專注力、信仰力及靈性，如果還要特別向廟宇的神明稟明，那直接在廟宇念就好了，何必在家念呢？這種想法的背後表示——你其實並不相信自己擁有力量（過度依賴看不到的力量）。

至於掛護身符有沒有用？那治標不治本，與其向外尋求協助，靈修人更應強化、堅定內在信念，使用護身符只是藉助仙佛的力量。當真的有無形問題困擾我們時，仙佛的力量有時的確能救急，但我們不該總把解決問題的主導權丟給別人，**真正能解決問題的能量，其實就在我們心中**。

Part 5

靈修人心事誰人知？

回顧靈修路，我從一些迷航在靈修世界的人身上匯整出八大心得，希望你能靜下心來將它們扣緊你自己，反覆研讀、思考，我相信一定會更勝囫圇吞棗讀完本書。

①自認此生不凡，不甘於平凡的平凡人。

②四處問神、拜師、找答案，卻不知答案就在自己身上。

③滿口靈語，卻不知靈語內容。

④以為自己天賦異稟、異於常人，只是一心想要與眾不同的邪見在作祟罷了。

⑤常被外人說「帶天命」，想要否認，心中卻擺脫不了。

⑥開口閉口總愛說「我以前……」。我常見跑靈山達老油條等級的人炫耀靈修上的特殊經歷、奇人異事，如此忘情不了過往，不也代表著不願承認當下的無知嗎？

⑦認為自己什麼都懂，古人聖賢書卻看不懂幾句。當信徒、同修遇到問題，常拿佛教用語來搪塞：你不夠慈悲、現今末法時期、魔考、報應……滿口威嚇言詞。

⑧滿口神鬼經驗，脾氣一來卻什麼都不是。脾氣愈大代表我執愈深，修行深厚之人愈謙卑、脾氣愈薄，一個易怒之人，再多的神鬼魔經歷都只能當成茶餘飯後的話題看待，不值得認真討論。想知道修行程度，先觀察自己的脾氣吧！

「離心愈遠的修行，只會更不認識自己，離心愈近的修行，才會愈顯謙虛。」修行不離道心，神鬼經歷若不能教化我們的心，就只是怪力亂神罷了。一步一腳印調整好心性，自然能在靈動中體驗到超乎常人的心法，這才是靈修最大的目的。因此，走靈修切勿神格化宮廟主事者、前輩與乩身，每個人都有自己需要克服的問題。

宇色靈修空中教室—是真神通還是真幻覺？靈修人不得不小心

Q54

走靈修的人真的在事業、感情、婚姻都會特別的不順利嗎？

瑤池金母教導：「尋求信仰力量化解世間的不平，是靈魂的本性。」

坊間有個說法，一旦靈修人開始走靈修，累世的冤親債主會知道，於是會在今世全部出現，因此許多靈修人在婚姻、事業、財運、人際關係等方面會特別不順遂。另一派說法則是，靈修人走靈修時，身體健康與生活方面會魔考重重，是因為靈修人以元神為修持時，元神比一般人更顯光亮，易招魔兵魔將的注意。

針對這個問題，母娘是如此解說的：

①靈修是在修持元神，元神覺醒，內在意識也會跟著提高，內在意識提高❶會加速生命的轉動，看世界的角度也將與以往不盡相同。你以前過日子可能得過且過，並無特別感覺，也

不認為有何不妥，但元神覺醒、接觸靈修後，會突然意識到人生不該如此，也許是婚姻，也許是財運、事業等等，想改善卻心有餘而力不足，不知從何做起——了解人生不應該如此，才是真正苦的開始。走靈修的人會追求生命的解脫，以及回歸元神（又稱本靈）的出處，和一般人的方向不同，對生活的感受自然不同。

②元神覺醒後靈魂意識轉動快速❷，意識提升會快速找出解決今世生命課題的方法，不會一直困在相同問題上。元神覺醒，意識提高，較容易跨越今世的心的課題，同時帶動了靈魂轉動，讓原本應該在好幾世完成的輪迴課題在今世獲得解決。舉例來說，一般人容易在感情、事業、親情等議題上打轉，遇到問題容易陷入低潮、久久走不出來，真正修練到元神覺醒的靈修人，意識層上較不容易被這些世俗問題綑綁住，但也因為如此，這種人今生遇到的問題會比一般人多——靈魂轉動快速較容易意識到更遠的事情。

③就是因為生活過得太苦才會想要修行。多數女靈修人都有感情、婚姻方面問題，而大部分男靈修人都有事業、金錢方面的課題，瑤池金母曾說：「苦，每一個人都有，找尋真正心的平靜，是要靠後天努力修來的智慧，每一個人尋求宗教力量，背後都有許多業（習氣）在支撐與干擾。」並不是走靈修生活才過得特別苦，而是生命太苦才走靈修。

坊間盛傳：「走靈修的人身上會有光，冤親債主會像飛蛾撲火找上靈修人。」我不認同也不相信這種說法，我走靈修這麼多年，從未見過冤親債主半夜來敲門。何況這種說法若真的成立，那些成天在佛寺、教堂、清真寺的出家人、修士身上卡的冤親債主更多，豈不是每天都被壓到喘不過氣來？瑤池金母也教導：「**尋求信仰❸力量化解世間的不平，是靈魂本性。**」豈有走入靈修反倒讓冤親債主、妖魔鬼族反噬的道理。

何謂冤親債主？累世與某人化解不了的恨即是冤，累世對某人執念太深的愛即是親，也就是說，過去生與今世在某人身上執著太深的恨與愛就是冤親債主。那麼，這些冤親債主在今世都在哪裡？累世與我們有關連的冤親債主都已經投胎在我們四周，父母親、兄弟姊妹、親朋好友，甚至是未來的另一半、小孩——相處看不順眼、個性永遠不對盤，就是冤債主，貪愛太多、依戀太深就是親債主；是冤親債主還是善因緣，端看我們的心，修行就是在調整心的態度來處理身邊的人事物。

該如何化解累世的冤親債主？瑤池金母說：「**能透過智慧與生命中所有的人結善緣，便是在化解心頭上的冤親債主。**」連生命中看得見的人都處不好了，更不用說還要化解看不見的冤親債主了。我從未看過冤親債主與魔現出干擾人類，倒常看到無數迷信於神鬼世界的靈修人，被這些沒有邏輯的觀點綁架，讓心苦上加苦。

❶所謂的意識是指看待事情的角度，提高意識是指，對於原本困惑的事情，突然有所領悟而不再執著。

❷意識快速轉動是指，原本對於某一件干擾心平靜的事情陷入太深，卻能在很快的時間內了解並且跳脫出來，以更高一層的角度來看待原本的問題。

❸不單指宗教。

Q55

近年來常報導說有人走靈修走到精神異常、騙財騙色……家人、朋友都不知道我在靈修，我該說嗎？

靈修是透過在修行中學習如何讓生活上軌道，心安住、生活穩定了，就算別人不知道你在做什麼，但讓家人、朋友看到你的心與生活過得好，就是最好的答案了。

近年媒體與人的距離拉近，四處可見正信宗教的「另一面」：不依法修行的出家人醜態；戴名錶吃肉的出家人；將臺灣廟宇妖魔化，直指觀世音菩薩不男不女的西方宗教；收受信徒所贈價值高達兩千萬跑車的師父……不論你接觸什麼宗教，總有人想在雞蛋裡挑骨頭，放大任何不認同與不了解的事物。

人不可能一輩子只活在靈修的鬼神世界，要外人認同你的世界，得先讓你自己生活得精彩，而不是滿口看不到的鬼鬼神神、業障、冤親債主。自了解這個道理後，我便將靈修精神運用在工作與生活上：挑戰身體的極限，深入屏東十八公尺深的水域考到國際NAUI Open Water潛水執照；考取南華大學生死學研究所拿到碩士學位；以一口破英文到泰國整整一個月，拿到希瓦南達瑜伽兩百個小時的國際瑜伽師資班證書；帶著低血壓、易暈眩的身體攀登世界第七高峰——五千八百九十五公尺的吉力馬札羅山❶……靈修真正的精髓並不在領了多少無形寶，接了多少靈脈，而在於是否懂得將靈修運用在生活中。幾年下來，我體悟到：靈修是一趟藉假修真的旅程。何謂假？**靈修所經歷的鬼鬼神神都是假象，懂得將靈修的一切歷練轉化到現實生活中便是真**。

可悲的是，有人寧可永遠活在靈修假象中，不敢去面對真實世界的一切挑戰。

要別人認同你的宗教觀點與靈修，須先把現實的生活與工作安頓好，許多靈修人的婚姻、工作與生活一團亂，總拿千百種與仙佛有關的理由來掩飾自己生活失衡，看在別人眼中卻只能搖頭。靈修人無須在意別人如何看待自己的靈修，只要顧好自己的心與生活，一個約束好自己言行舉止的人，有沒有宗教信仰都同樣值得別人的尊重。

靈修的重點是透過修行學習如何讓生活上軌道，心安住、生活穩定了，就算別人不知道你在做什麼，至少家人、朋友看到你的心與生活過得好，就是最好的答案了。

❶請參閱前作《瑜伽、禪定、靈修，一段不可思議的能量旅程》。

Q56

朋友走靈修過度沉迷，出現一些奇怪的舉動，動不動就說有靈擾、揹到別人的業障、被別人身上的無形冤親債主跟到等等。該怎麼提醒他們比較圓滿？

當因緣不成熟（意識未覺醒）時，旁人再多的言語都是刺耳不中聽，與其打壞了彼此的感情，不如靜待對方因緣成熟。

套一句佛教思維：該發生的就應該會發生，不該發生的就絕不會發生。人受「業」的影響而做出種種決定，諸如婚姻、事業、課業、人際關係，各自有自己應該面對的課題，旁人就算忠言提醒，當事者也不一定有力量從泥濘中拔出來。靈修人在靈修路上會遇到什麼類型的道場、何種層次的教導者，也受到自己心性的影響；一個觀念被接受或拒絕，亦為一種心的投射，外人很難左右與干擾。況且，好與不好是相當主觀的事，當事者認為對他有幫助就是好，不投緣就是不好。

走靈修這麼多年，最常遇到有人三不五時就說身上揹了一堆嬰靈、外靈，這還算是小事情，更多是來問事時就四處打量我的瑜伽教室，深怕被下蠱或是擔心我是不是養小鬼，也有人迷信某個老師的修行論點，生活與修行不順就是卡業障、外魔上身，唯有信仰某人才能從此一帆風順……這種宗教妄想上癮症，不是只有在靈修世界，也隱身在臺灣許多大大小小的正信宗教道場當中。

修行算是一條「自私」的道路，每一個人都在走自己的修行，你只能先顧好自己的心，努力地印證與實修，旁人之事只能誠心祝福。至於什麼時候才算因緣成熟？**當事者觀察到自己的修行方向造成心的約束與不自在，生活產生了偏頗，願意主動詢問你時，那便是因緣成熟之際。**當因緣不成熟（意識未覺醒）時，旁人再多的言語都是刺耳不中聽，與其打壞了彼此的感情，不如靜待對方因緣成熟。

走靈修之後反而感覺到自己容易受鬼干擾，怎麼辦？

真正的問題，其實出在你相信鬼神與靈修的世界，才容易被這世界的遊戲規則所干擾。

這是一個倒果為因的說法，真正的問題出在你相信鬼神與靈修的世界，才容易被這世界的遊戲規則所干擾。

一位個案說：「這幾年我很容易被外靈上身，很干擾生活，處理完後一段時間又會再發生，真的讓人很困擾。」許多個案也表示，每當他們卡到陰、身體不舒服而求助宮廟時，宮壇師兄姊就會說身上卡到幾百隻的鬼魅，似乎一輩子都在卡陰、收驚、祭煞的遊戲中卡關。

每件事一定有陰陽兩面，瑤池金母曾說：「有鬼必有神，有陰必有陽，重點不在於鬼與神，而是心念，善鬼亦是正，惡神亦是邪。」靈修人容易受到無形界的干擾，要思考的不是靈修哪裡出問題，而是態度與心是否出了問題。人在選擇走入宮廟的那一刻起，就必須將鬼神視為一體——尊重，切勿心升厭鬼喜神的不平等心；而走入靈修，更加不能將人生的主導權丟給鬼神。

早期常有學員、個案表示自己常常見到鬼，甚至能感受到鬼的存在，但我走靈修路近二十年，從未被鬼干擾過。常常見鬼、導致每天疑神疑鬼的人，請捫心自問：「我內心的世界存在正信多或邪見多？」

分享一個案例讓大家思考：

一個十九歲、剛考上大學的男生找我問身體方面的問題。還沒有開始問事，光從他的眼神，我就能知道他很累、精神狀況不佳，睡眠可能不太好，也不是一個很熱愛戶外運動的人。他表示自己的身體從一年前開始不太好，睡眠品質出問題，跑了非常多的宮壇問事，得到的說法都不相同——被女鬼跟到、同時被兩隻鬼跟到、卡到陰……花了好幾萬塊，不僅沒有效果，身體還每況愈下；甚至還被不少間宮壇騙了錢。此時，他從包包裡掏出幾張曾問事過的老師的名片，其中一張名片上，老師的眼睛被劃上了兩個黑點。「我恨他，他騙了我。」這一年多來，他上了不少當，從此再也不相信宮壇、道場的人。

他有卡到陰嗎？有，確實有。嚴重嗎？一點都不嚴重，甚至不用處理也可以自癒。沒有人規定卡到陰一定要處理，瑤池金母說：「他本就屬陰性體質，自小就好奇鬼神、宗教之事，長大後又不太喜歡運動、曬太陽，自然容易吸引負面的陰性氣場，久而久之，人就容易疲倦。在這樣的情況之下，很自然就會胡思亂想，誤以為卡到陰、遇到鬼，就算沒有鬼，久了也會疑神疑鬼。」

他口中「眼前一直看不清楚」的主因，與本身的能量不足有很大的關係，而關於外靈的部分，還不至於「要處理」，因為「本就無因緣，又無招惹它，只是他四處求神問卜、心不定所吸引而來的靈擾，只要充實內在能量對無形的恐懼，心定不再亂跑，靈擾就會逐漸遠去。」

與其靠外力，不如靠自己的能量形成保護層。若能靠自己克服每一次的不舒服，內在的能量就會再擴大一次。我告訴他，我可以幫他處理，但是因為他天生體質的關係，就算處理也只能改善一半，剩下的一半就必須靠他自己生活上的努力了。

儒學大師王陽明曾與學生有這麼一段精彩對話：

陸澄問：「夜裡怕鬼的人該怎麼辦？」

先生說：「因為平日裡不積累善心，心中有愧，才會怕鬼，如果平時的行為合乎神明，有什麼好害怕的？」

子莘說：「不需要害怕正直的鬼，但邪惡的鬼會無視善惡而傷害人，難免有些害怕。」

先生說：「難道有邪鬼能夠迷惑正直人的嗎？有怕的心理，就是心術不正的表現。是人的心把自己迷惑了，而並非是鬼迷惑了人。就像人好色，便是色鬼迷；貪財，就是貪財鬼迷；不應當發怒的地方發怒了，就是被怒鬼迷；害怕不該怕的，是被恐懼迷住了。」❶

鬼神在何處？不在遠處，就是你心中，心中有正信無鬼亦無神，愛論是非八卦、喜聽邪見之人滿街都是鬼神。

懷疑自己卡到陰嗎？找人處理之前，請先檢視自己的生活態度、作息：你有把自己的心與生活當成一臺發電機，時時刻刻都處於正面且發光發熱的狀態嗎？一顆對生活充滿熱忱的心，何懼卡到陰？鎮日疑神疑鬼的人，就算不卡到陰，外靈也會找上門來。

❶請參閱《傳習錄》上卷第二十三章，全文如下——澄問：「有人夜怕鬼者，奈何？」先生曰：「只是平日不能『集義』而心有所慊，故怕。若素行合於神明，何怕之有！」子莘曰：「正直之鬼不須怕；恐邪鬼不管人善惡，故未免怕。」先生曰：「豈有邪鬼能迷正人乎！只此一怕，即是心邪，故有迷之者，非鬼迷也，心自迷耳。如人好色，即是色鬼迷；好貨，即是貨鬼迷；怒所不當怒，是怒鬼迷；懼所不當懼，是懼鬼迷也。」

58

靈修到一個程度後，對生命、周遭事物有較透澈的看法和理解；醒覺和開悟對個人可能是好事，但對親友來說，會不會是殘酷的？

靈修並不是隱身於山林而避開人群，更不是一心跑靈山、會靈而對親朋好友冷漠，反而是在靈修的過程中洞徹人性而更有情。

靈修與其他宗教最大的不同之處，或許在於靈修與生活的關係密不可分，誠如仙佛的慈降：「道在紅塵鬧市修，全憑皈戒作根由，在塵不塵真佛子，在俗不俗是真修。」靈修並不是隱於山林而避開人群，更不是一心跑靈山、會靈而對親朋好友冷漠，反而是在靈修的過程中洞徹人性而更有情。

人世間最複雜莫過於情感上的糾葛，尤其是家人間的愛恨情仇，更是割不斷理還亂，瑤池金母曾說：「了知自己的心，才能洞徹人性，因洞徹才能了悟彼此的業。」想要化解彼此的業，就必須先了知自己的心，這句話同時點出了靈修的核心精神——靈修是為了讓自己看清人性，而非逃避人與人之間的問題。

我與家母一直有很深的親子課題，因對家母的種種行徑不諒解，多年來在心念與嘴巴上也造下了不少惡業。我深知無法改變她，只能選擇祝福她，走靈修後，我更加了解與家母過往的因緣，從此不再在他人面前評斷家母的行徑，我看清家母絕非惡意傷害子女，只是約束不了自己的心（嘴與行為），瑤池金母曾對我開示：**「子女都以高標準來看待父母，卻忘了父母與一般人一樣，仍帶著一顆待修行的心在輪迴著。」**

靈修派的信仰，不會動不動就叫人放下，也沒有西方宗教常常聽到的愛、寬恕、原諒，反而比較像是南傳佛教的觀點——**先顧好自己的心，心有力量才能走向平靜，心靜才能看見事件的另一面。**

我並沒有特別想要在靈修上追求什麼，卻在協助上千位個案渡過財務、婆媳、婚姻、事業等困難時從中反思、看清自己的心，更因此看清人性而不再對人性失望；此外，靈修的煆身訓體強化了我的七脈輪開通與淨化，進而淨化了體內累世負面心結的束縛。就這樣，我與家母之間的心結也逐漸釋懷與消融，能以更高的角度來看待親子的關係。

走靈修，我沒有對人性失望，也從未冷漠看待親人、朋友的問題，反而因為了解人性，更能在適切時機、針對不同的心性，予人適當的協助。

特別收錄1

宇色靈修快問快答

Q&A

有時候身體會有很強烈的感覺做出一些無法控制的動作或結手印，不曉得該怎麼樣去應對？

它只是身體自發性的行為，此時只要將專注力全力放在呼吸上，放鬆一段時間後便會停止了。一般人害怕的往往不是做出無法控制的行為，而是恐懼網路上、宮壇對這種行為的恐怖說法。

Q&A

元神與靈魂的關係是什麼？

靈魂是元神的投射，元神是靈魂的本質。在今世，元神不能獨立於靈魂之外，元神主宰靈魂的力量，元神才是靈修人要去探究的根本。探究本質（元神）需先去了解靈魂（心）。

Q&A

如何穩住心？如何控制元神不干擾日常生活呢？

心就是元神，控制元神與之合一的方法就是將心定住，培養定課是一個很好的方法。沒有定課的人就像沒有下錨的船，鎮日飄來盪去，最後連自己（心）在哪裡都不知道。定課不一定與宗教有關，瑜伽、運動、閱讀、游泳都是定課，每天在固定時間做一件能促進身心健康、專一的事情就是最好的定課。

Q&A

我都是透過書籍跟網路學習打坐，關於打坐和靈動常有一些疑問，也沒有機緣遇到實修的老師可以詢問，該怎麼辦？

建議去正信的宗教道場修習打坐，有專門的禪師來教導打坐觀念。除了學習打坐的技巧外，培養正信的態度也十分重要，建議可以選擇法鼓山，或者是臺中新社、高雄六龜內觀中心，他們都是教導正確打坐觀念的地方。

Q&A

啟靈之後是不是一定都會經歷說靈語與寫天文？

是的，說靈語、寫天文，甚至是唱靈歌，都是成為一名正式靈乩前的必經過程。

靈語與天文最終是要你進入自己的內心去了解「你知道自己在做什麼嗎？」在說靈語、寫天文的當下，你必須完全全完完的投入，才能從中得到內在的療癒。

靈修新鮮人最常犯的錯誤是將解讀靈語與天文的主導權交託給別人，如此將永遠錯失了元神醒悟的機會。靈語是誰在說？天文是誰在寫？都是靈修人一直想要了解的元神——元神也就是你，因此，解答靈語與天文的鑰匙就在你的「心」。

Q&A 靈動的目的是什麼？

靈動是在讓身體的情緒、能量得到一種紓解，同時也是靈修的一個過程，動最後一定會回歸靜，所有修行的功法終要走入寧靜、自在與身心合一，唯有靜才是回家的路。《清靜經》云：「動者靜之基。人能常清靜。天地悉皆歸。」動是靜的基礎，唯有從動中體悟靜，才能走到永遠寧靜。靈動的目的也是如此。

Q&A 宇色，你會後悔走靈修嗎？

很多事物都是冥冥中註定，看似有選擇，其實都已註定好，我只做好本分，其他事不去多想。

Q&A 為什麼有這麼多靈修人被騙色、騙財？

因為大腦裡面的胡思亂想太多，想從神明、靈乩、通靈人身上得到他們得不到的東西。

世間很公平，你想從別人身上得到你想要的，別人也會想從你身上得到他們想要的，這就是世間的法則。

Q&A 上過你的靈修講座、課程的人這麼多，你會知道誰跟你有緣嗎？你又會怎麼做？

緣有分好與壞，就算是好緣，也可能是從衝突開始（不認同、否定、批評），有時壞緣卻是從好的互動開始（盲目喜歡你、認同、讚美你），看多、遇多就慢慢地養成順緣的態度，來者是客，去者是過客。

Q&A 如果有人自稱這輩子帶天命要助你的靈修道場，你會如何判斷？

出題考他，例如我的主神是誰？我的元神是什麼？我的靈脈出處？如果這些都答不出來就不會想再談下去。

在《我在人間的靈界事件簿》中就有提到，地藏王菩薩指示今生與我有因緣的人的特質，目前也從未有人答出來過。對這種事我是抱持不期待也不拒絕的態度，修自己的心比較重要。

Q&A 靈修最重要的是什麼？

找對老師，同時願意真正臣服「對的老師」的教導。對的老師只會教導你去認識自己的心，至於天命、主神、靈脈……都是因緣成熟時自然而然就會發生的。

Q&A

為什麼會有靈修人四處在找厲害的通靈人做點靈認主、接主神、會靈脈？

沒有自信，人生不順遂，迷信某些書上的觀點，相信做了以上儀式後人生從此一帆風順。

Q&A

你覺得什麼樣的人能在靈修路上精進？

態度與觀念決定一切，修行就是在修正偏頗的態度與觀念。能夠在靈修路上精進的人，對於每一件事都會去思辨它，進而實踐它，絕對不會道聽塗說——可惜不道聽塗說的人太少太少了。

Q&A

靈修人最大的毛病是什麼？

喜歡聊八卦是非勝於實修，熱衷於鬼鬼神神，探聽老師、同修在私生活方面的是是非非，不談論實修。

Q&A

你能忍受你的靈修學生到什麼程度？

我沒有近身的靈修學生，我不與任何一個上過我靈修課程的學員有私下接觸，所以沒有這方面的問題，我只管好課程上的進度。

Q&A

如果有一個人不適合走靈修，你會跟對方明講嗎？

不會，他的個性會告訴他一切，我只做好本分，至於其他的事，每個人的心性已經決定了他未來的路。

Q&A

你覺得現今有真正願意走靈修的人嗎？

當然有，只是「想要」跟「願意下苦心實修」畢竟有距離。就像很多人想要有錢，但真正鑽研理財之道，且修正自己的個性來符合有錢人特質的人卻微乎其微。想走靈修的人多，但好奇、不具正信的人更多。

Q&A

對於曾外遇出軌的人想走靈修，你會介意嗎？

這與靈修沒有關係，外遇出軌往往是不知道自己想要的是什麼，重要的是，只要他在靈修當下認真，就會逐漸找到自己的心了。

Q&A

現在很多論壇、youtube影片都有人在講靈修，你的看法是什麼？

重要的不是他講了什麼，靈修本來就沒有範本，怎麼說都可以；如果你不了解影片中人的生活背景、修行過程就相信他們，那就是盲從、道聽塗說。在不知對方背景與實修情況之下，我是不會去看這方面的文章。

Q&A

點靈認主真的很重要嗎？

我遇過上百個已做過點靈認主儀式，或是聽聞某某老師說他們的主神是誰的人，這些人在看過我的書之後都跑來向我求證：「我的主神真如某某人所說嗎？」

你覺得為什麼他們還是會來問我這問題呢？

Q&A

到廟裡面會不自覺地哭，師兄姊說這就是有感應，有接到神，是真的嗎？

這很難說，我常遇到個案、學員來我的工作室就拚命哭，總不能說每一個人都接到我的靈脈吧？

很多人都曾有過在廟裡不自覺哭泣的經驗，這往往是因為心中積壓太多的情緒了，廟裡殊勝的能量確實能夠誘發一個人內心的苦，但這與是否接到神其實沒有太大的關係。

Q&A

大量的念經是否對靈修學習法門有幫助？

靈修最重要的不是念經持咒，而是生活上的穩定，還有透過靈動訓體修持元神。

Q&A

我走過靈修十多年，很多老師都說我帶天命要走這一條路，以後要幫助更多人，但最後都從我身上拿走了很多錢，我再也不相信靈修了，那我還要繼續走靈修嗎？

錯不在靈修，應該反省的是，你用什麼態度來看待靈修。觀念偏頗的靈修人就會遇到同樣偏頗的人，心中有正信者，就會遇到真正懂靈修的老師。因此，我常常勸人不要太快走入靈修，在此之前，不如先培養閱讀正信書的習慣。

Q&A

走靈修最重要的是什麼？

跳脫傳統民間信仰的說法，心性要成熟穩定不受干擾。然而要做到這一點並不容易。

Q&A

為什麼一定要元神合一？元神合一又會如何？

靈性上能夠擺脫肉體的限制，無限延伸意識層，內在不可思議的力量才能甦醒，在生命中能夠更有力量去完成想達成之事。減少靈性上的束縛，在情感上也較不會執著太深，便能跳脫「輪迴」這個靈魂大課題。

Q&A 該怎麼確定元神有沒有覺醒？

真正啟靈的人個性會有很大的改變，在心性上較為堅毅果決，不易搖擺，不輕易聽信片面之詞。在靈動上相當有變化性，不會出現像是受到集體催眠般手舞足蹈的起乩動作。因此，元神覺醒之人連自己都不容易察覺，有時是經過多年後才意識到原來自己的生活與心已有這麼大的轉變。

Q&A 可以問老師，我的元神覺醒了嗎？

有人去餐廳吃完飯後問旁人：「我吃飽了嗎？」覺察自己的肚子就會有答案了。關於元神覺醒，培養覺察力，總有一天就會知道。

Q&A 有人說，靈修要走自己靈的靈脈，如果不知道靈脈來源，就要找靈通高強與領有查脈令的師父，請他們幫忙查靈脈，這是真的嗎？

這叫用耳朵走靈修。如何確定對方靈通高強？我沒有聽過「查靈脈令」這種令，何況靈修能力再強，查靈脈一事還是要請示聖靈。人的能力再強也比不過仙佛的智慧，況且，真正具實修、正信的老師會觀察一個人的心性成熟度，絕不會隨便開口說出對方的靈脈，就算知道靈脈又如何？生活與修行該走的路還是要靠自己。

特別收錄2

千奇百怪！那些關於自我、靈修、鬼鬼神神的大小事……

在本書最後一個單元中，我想要放上兩集〈宇色心養生〉的廣播節目——「靈修學者揭祕跑靈山的奧祕」、「靈修學者再次揭開靈修的奧祕」。節目中的來賓是在學術界研究靈修十多年的李峰銘教授，這兩集節目中，他以學者角度與靈修人的立場，闡述了許許多多靈修人最為好奇與不解之事。

我將它放在最後一個單元，建議正在閱讀此書的你，先上網聆聽後再開始繼續閱讀後面讀者的親身靈修經歷，相信你對靈修的認識以及坊間宮壇鬼鬼神神之事，一定會有完全不同的收穫與見解。

靈修學者再次揭開靈修的奧祕

靈修學者揭祕跑靈山的奧祕

①靈修師姊說今世是我第一世當女生，所以才會成為同性戀，這需要看醫生治療嗎？

我是一名女同性戀，從小到大只要一看到女生心裡就會莫名的興奮，伴隨而來的是強烈的生理反應，例如海底輪會有一股氣往上衝、心跳很快，甚至不自覺地牙根咬緊。我不敢向家人坦露自己這樣的情況。有一個靈修師姊還曾經跟我媽說：「你們家女兒是累世以來第一次當女生，所以有一點辛苦，妳要多提醒她。」請問，我這樣算同性戀嗎？這需要看醫生治療嗎？宇色，母娘可以接受同性戀嗎？

關於同性戀的問題，有兩個常聽到的說法，第一個是「前輩子的性別異於今世的性別，投胎到今世才會發生同性戀的性別錯亂」，另一個非常扯——「送子觀音送錯性別，投錯胎才會發生同性戀這類性別錯亂的問題」。

多年前，曾有一位同性戀個案請示瑤池金母，問他今世為何會是同性戀？瑤池金母是如此回答他的：「心念的陽剛與陰柔，決定了今生性向。」

瑤池金母進一步解釋說，每一個人的內心都具有陰、陽兩種特質。男性的陽性太重，下輩子便會成為女性，反之，女性此生過於陰柔，下世便有機會成為男性。這是大道運行的奧義，每一個人轉世機制都會順應宇宙陽陰的中道，因此，今世太過陽剛、勇猛的女性（不一定是同性戀），有可能上輩子是男性，藉今世的女性身分平衡陰性特質；反之亦是如此。

那麼，同性戀的性向又是如何產生？

「心性太過陰性（陽），下世轉為陽性（陰）身軀，是順應宇宙的中道，然而，為了平衡累世過多陰性（陽）的心，今世就可能是同性戀，這僅是靈魂轉世的過渡期，亦是靈魂轉世的常態，任何人都無須以異樣眼光看待。我們必須尊重與陪伴任何靈魂轉世的過渡期，此乃靈魂寶貴的轉化期。」瑤池金母進一步道，「今世為同性戀，有較多人是為在今世圓滿累世過盛或太弱的心性，亦有絕少部分的同性戀是為了在今世體驗與處理所有的男女情感課題，以期盼今世便了斷輪迴。然而，這並非易事，必須是大智慧與正知見之人，才能跳脫與化解今世發生在眼前的男女情感課題。」

同性戀在面對家人、朋友及社會輿論時，無法逃避不婚、不交異性伴侶等問題，甚至有不少同性戀者選擇與異性結婚，逃避社會的壓力，這樣的情況就是母娘所言的「今世體驗與處理共存的男女情感課題。」重要的是當事者以何種心態來面對自己天生的性向。

有可能是因為投錯身體嗎？

瑤池金母慈悲地告知：「不可能，因果不只是善有善報、惡有惡報，因果包含了宇宙的平衡機制，身為人，也必順應這套平衡機制（陰陽），因果是很難改變的。」母娘這席話也點出了一個重點：投胎對於靈魂來說是如此重要的事，不是由哪一尊神明所決定，更不是你我意識所能左右，其背後有一套人類難以理解的宇宙平衡機制。

若從修行角度，該如何來看待身旁的同性戀朋友、家人？

瑤池金母道：「將生命跳脫出短暫的一生，放大來看，每一個人在輪迴轉世階段都會成為同性戀，那是靈魂轉換的過程，也是順應宇宙平衡的機制❶。身為人，你必須尊重今世異於自己性別、宗教信仰的人，其中當然也包含了性向。生命不是只有一世，尚未跳脫之前，每一世都是生命的一部分，今世看輕異於自己的人，下世必會遭受異樣眼光的待遇，這也是因果。」

在我問事與教導瑜伽、塔羅牌、身心靈課程中，不乏許多同性戀學員，因著母娘的教導，我抱持的態度是尊重與陪伴每一個靈魂珍貴的靈性轉換期，以此心態看待，反而能夠從母娘智慧中獲得更寬廣與圓融的處理態度。關於這位當事者詢問同性戀是否有看醫生的必要，我倒是認為，可以請教醫生該如何學習自我認同的問題，而不是去解決性向的問題。

❶修為至圓滿中道之心，正是修行的目的。

②這世上有外星人嗎？

拜讀了您的靈修與拜拜著作後，很喜歡您的觀念與想法，也逐漸地幫助我拼湊出生命的概念，這部分深深影響著我，也鼓勵我以更平常的心、正面的態度處於當下。

有一件事情很想聽聽您的看法：這世上有外星人嗎？假如有外星人，那他們與人類的靈魂意識有何關連？求知欲超旺盛的我，對這個問題困惑了幾十年，好想聽聽老師您的詮釋後再重新思考看看。

關於外星人，我涉獵不深，我比較致力於探究人性、靈修奧祕，以及修心練炁。針對外星人一事，僅轉述多年來不少人請益瑤池金母和外星人有關的問題，因瑤池金母的答覆太廣泛與深奧，在此僅擷取其中一部分分享答覆。

・真的有外星人嗎？

瑤池金母的回答是：「你所處的空間所見皆是人，豈能否定未知之處無人，你生存在地球，又如何能否定他處無生物。」

・外星人是神明嗎？神明是外星人嗎？有傳言說古代神明都是外星人轉世，耶穌、佛陀這些悟道之人都是外星人之子，是真的嗎？

瑤池金母：「外星人不同於神明，他們的靈性層次近似於神。外星人的靈性層次是人類所不及的，但它們與神相當接近，外星人的世界絕非人類所能臆測。」關於這部分，讀者要了解，神明靈性接近道家所講的無為而治的「道」、佛家最高涅槃境界——清涼寂靜，煩惱不現，沒有厭惡世間的一切，就是與天地同在的心。

・外星人曾經到訪地球與人類共處過嗎？

瑤池金母說：「當你的心與神相近，你絕不會遺棄眼前所見的任何一個人，不論他的靈性高低、性別、外貌……靈性相當純淨的靈體絕不會隱蔽，外星人的靈性與神近似，因此一直未與人類分開過。」

・有傳言說外星人曾經教導地球人高科技的機械與建築，例如埃及金字塔，這是真的嗎？

瑤池金母道：「外星人教導人們的是感知能量，這已經超過一切科技，只要有感知能量，人類便能夠自行研發所有的事物。

人類如何得知聲音有療癒身心的能量？古人如何得知透過火能夠給予能量？你如何得知太陽的光、空氣、水對人們、植物、動物的重要性？❶

外星人不用以物質的方式教導人類，僅在適切時機透過意念傳輸至人類的腦波，腦波接到訊息便能瞬間了解某些事物。看似是在人類無意識之下理解一切，其實背後更多的是外星人傳送給人類的訊息波。外星人在古代傳送訊息給人們，使人們了解一切的生物、物質與大自然的共振關係，也了解到大自然隱含著與靈性、成長、健康有關的祕密；透過千年來的摸索與智慧，一代又一代的傳承，才有現今的生活樣貌。不過，這只是外星人與人類接觸的一小部分而已。」

人與自然、宇宙是共振不可切割的共同體，從人類初降地球便與宇宙的運行有很大的關係，不停歇的輪迴，就是要讓人類學習行為與心順應大自然的規律運行。人在世間遭逢的一切切割了人與大自然連結的能力，也讓人們失去了感知大自然運行的連結能力。外星人與神明的意識與宇宙密不可分，人類也唯有提高靈性才能與大自然產生共振，斷掉輪迴回歸靈體來的地方。」

・外星人為什麼要傳遞訊息給人類？

瑤池金母的回答是：「讓人們了解到，人不可能單獨存在。當人類的意識從自身提高到大自然，每一次的輪迴便能夠更加地進入大自然的共振當中。人與社會、大自然、宇宙是一體的，這就是外星人一直在傳送的訊息。若人們未能了解人與大自然是不可分割的，研發的高科技只會對地球、人類及所有物種予以破壞——例如引發戰爭。反之，當人們的靈性進入到與外星人、神明相似時，他們所研發出來的高科技也必定是以保護地球、生物為立基點。當人們更加地認識到大自然的力量時，便會開始研究更高端的科技，而最終仍會運用在環保上，減少對大自然的傷害，這就是外星人傳遞訊息給人類的目的，這也是人類最終會走的路線——讓人的靈性近似外星人而與大自然產生共振，以高科技的研究保護被人類破壞的地球。」

最後，我想要提醒讀者，靈修人與神明之間的連繫是仰賴元神的精神力，神明給予我的訊息不是文字更不是聲音，比較像是進入到三百六十度的空間當中，所運用的是一種感知能力，就像夢境當中沒有聲音、文字，你卻能在瞬間了知一切——好吧，我承認一般人很難懂。總而言之，以上母娘的回答是我以有限的文字來闡述的，希望有解答到讀者對於外星人的疑問。

從靈修的角度再次奉勸讀者，**修行是將心放在當下，檢視自己的言行舉止，過度鑽牛角尖、好奇非實修的事物，是妄想而不是實修**，缺乏實修，所有的一切都將是疑問，真正地實修自然會了悟一切。因此，不要鎮日發想疑問，卻從不檢視自己是否有精進的心。

❶這些舉例僅是我所感知母娘告知的片段訊息，並非全部。

③動物靈干擾人間，久病不癒的人是遇到動物靈附身!?

我想和你分享我曾經遇過的靈異事件，以及對靈性的認知。有九成的人類身上都有雜靈，而且很多都是動物靈，很多病痛都是這些雜靈引起的，我還遇過有人被十多隻靈牲附體，一旦去除附在人體的雜靈，任何疑難雜症都能馬上好轉。

很想可以好好和你交流關於靈界的經歷，我是馬來西亞的華人，幾乎每天都和巫師一起，從事這方面的工作，這是上天對人類所隱藏的知識，也是真相，不過很可惜，很多人都不相信這世界有鬼神的存在，我卻幾乎天天和鬼神混在一起，有些人很瘦，吃很多東西都吃不胖，我一眼就知道，他吃的東西都被他身上的靈牲吃掉了，如果這事可以寫在書上讓更多的人知道，生病的真相會翻轉這個世界。

在《我在人間的靈界事件簿》中有分享到一段靈修學員曾問我的事情，一位道家法師建議他，最好少接觸跑靈山的靈修人以及會靈的廟宇。法師表示，他曾經到一些廟宇看見許多靈修人在起乩會靈，站在這群靈修人身後觀察他們許久，有一些靈修人轉頭瞄了法師一眼，法師竟然看見他們身上依附著許多條動物靈，法師也觀察到，不僅這些靈修人身上有動物靈，甚至連那些會靈廟的主神也不是正神，而是動物靈。

關於動物靈一事，我也曾被許多讀者問過類似的問題：

「在家打坐會被動物靈依附嗎？」「在廟宇前靈動會被不知何來的動物靈附身嗎？」「聽說靈駕身有出現動物的動作就是動物靈來依附，要功果共修是真的嗎？」

對於動物靈附身一事，母娘是如此解釋的：

·動物往生後會留戀人間不去投胎嗎？

母娘道：「寄存人間留戀不去的靈是因過深的愛恨，不只是動物，有情眾生皆是相同，心境上的執著（心）是留戀人間的關鍵，牲畜不會對世間物質有所依戀，牲畜靈只會對於祂們有恩、有情的人類產生依戀。在世時，當人類過度愛戀牠們，牠們也會投以相同的愛，此時彼此的心會產生連結，當牠們往生後，人類如果依戀不捨，牠們便會留連不去投胎。」

·那牲畜往生後會依附在主人身上嗎？

母娘道：「不會，靈魂意識層完全不同的靈不會有所依附。牲畜靈完全不同於人類靈性層次，就如同人的靈魂意識低於仙佛甚多，人類的靈魂要與仙佛連結，須有非一般人所能想像的強大意念，人也必須在身體與精神上有強大的淨化。雖然靈的層次不同要互相連結是不可能，人類靈魂層次卻是複雜且富有可變性，因此，靈界眾生要通往更高層次的靈界，都必須再次投生為人。也因此，就算牲畜依戀主人也不可能附身（靈魂層次不同）。」

自古以來傳說動物靈會附在人類身上修行，這種說法只講對了一半。人類的靈性確實具有多變性，能夠透過修練讓靈性走入純淨，然而一般動物的覺性相當低，不太可能靠自修使得靈性提升，再加上許多動物的壽命相當低——如蛤蜊、青蛙、九孔、魚類等，還來不及意識到存在感時便已經壽終。

再者，動物與人類的靈性處於不同的層次空間，是不可能有所謂的附身之說。之所以會將狗與貓視為一種會依附人類的動物，是因為我們認為牠們有靈性，在世時與人類相當親密，然而即便是如此，牠們的靈魂層次依然相當低。

．那麼，牲畜會因為依戀而停留在世間久久不去嗎？

母娘道：「最終仍會離去，人心畢竟是多變。以情感來說，人光是對男女情感就不可能永生永世，更遑論對牲畜的情。牲畜往生後主人會難過不捨，時間一久便會淡忘，人類的靈魂有平衡的能力，一般人不會沉溺於傷痛中太久。因此，牲畜最終也會因主人的淡忘而離去。」

・如果主人依戀往生的牲畜一輩子，此牲畜就會一直留於世間嗎？

母娘道：「不會，兩條靈必須有對等能量才能有所依戀，主人思念往生的牲畜一輩子，但不同的牲畜靈卻有不同的層次，每一個層次的牲畜靈的力量均都不相同，最終仍然會因靈魂失去力量而淡忘這一世。」

・打坐、靈動會吸引動物靈附身嗎？

母娘道：「牲畜天性不會主動親近人類，往生後的靈魂與在世時的心性相同，野生牲畜在世懼人，往生後又如何主動依附人？這是牲畜的靈魂特質。就算人依戀家中往生的牲畜，在打坐與靈動中亦不可能被依附，因人與牲畜的靈是不可能重疊的層次。靈子在靈動時，情緒與心思皆是混亂，若沒有下苦心實修，甚少有人能夠真正專一投入，這種情況下，連神靈都不可能降臨，更別說是牲畜靈了。再者，絕對沒有人在靈動時一心期盼牲畜靈來依附，既然未起這念頭，又如何相應牲畜靈？種種條件不允許之下，又何來動物靈附身共修之說？」

瑤池金母這段話同時也點出了靈修人在靈動訓體上共有的弊病——胡思亂想，專注力不足。許多宮廟都會告誡靈修人千萬不要亂靈動，以防有外靈附身，試想，一顆浮躁不安的心，就算靈動也只是假靈動，混亂的心連仙佛都難用神通將它降伏，遑論天性本就排斥人類的牲畜靈，又怎會想靠近靈修人。

‧有什麼可能性會被動物靈附身？

母娘道：「靈性愈高的牲畜靈，其天性喜遠離人群，因人類居住處的氣場混濁，修練之人的氣場亦是汙濁不純淨，這些因素皆導致高靈性牲畜靈遠離人類、難以親近的特質。因此，人類若真想與牲畜靈共修，僅只能吸引到天性喜親近人類，以及靈性較不高的牲畜靈，但幾乎也是微乎其微。」

關於這一點讀者不妨想一想，人類要親近動物簡單嗎？你跑到森林裡的時候，各式各樣的動物會主動靠過來嗎？在世的慣性就是靈魂慣性，人在世容易鑽牛角尖，往生後就不能放下一切，而每一種動物的特質比人更難改變，牲畜先天不可逆的特質與靈魂相同，人的個性還有改變的空間，動物則幾乎是不可能的。

很多讀者都會問我一個問題：「真的不會被動物靈附身嗎？」

我的答案是：「你會想被動物靈附身嗎？」就算你想，人類的氣場與心如此混濁不堪，靈性高的動物（鶴、龍、鳳）根本不會想要親近，就如同母娘所言：「靈性愈高的牲畜靈，其天性喜遠離人群。」

不過，應該也不會有人無知到想要與動物靈共修吧？人類常把「自己」貢得太高了，以為妖魔鬼怪都對人類趨之若鶩，我不禁想問：就算會，它們也會挑靈魂純淨度高、身體強健、能量強大的人；不是個個都是花痴，見到男人就撲上去。

想要奉勸讀者，不要相信網路上過度誇大魔、鬼、妖能耐的不實傳言，卻忘了每一靈魂本就具足的自主力量。如果你真的還是認為牲畜靈會附身，那倒不如好好問自己：你是聽別人說的？還是親眼所見？我相信自問後你就有答案了。

此外，臺灣的民間信仰中容易相信動物靈附在人身上修行、成精化妖吸人類功德的故事，主要有幾個原因：

①深受清代蒲松齡所著《聊齋誌異》影響，這是一本談論三、四百年前狐、仙、鬼、妖的故事，絕大部分都是以鬼怪影射當時中國社會的樣貌，想藉由故事來反諷當局政治。這本《聊齋誌異》後來也成為許多電視、電影拍攝相關議題時的取材對象，大大的影響了華人世界的宗教觀與鬼怪觀。

而《聊齋誌異》當中未談及的動物靈，想必也不會被人們當成日後變成妖精的對象，例如你一定沒有聽過馬來貘、無尾熊、大象、山羌、海豚、水獺成精的故事吧？因為《聊齋誌異》沒有寫，電影也沒有拍。

②我們認為在世有靈性，或是與人類有接觸的動物——如貓、狗、魚等等，往生後也必會親近人類，但這只是站在人類角度去設想的答案，誠如上文母娘所言：「就算人依戀家中往生的牲畜，在打坐與靈動中亦不可能被依附，因人與牲畜的靈是不可能重疊的層次。」在世親近不代表往生後就會依附人類，畢竟動物靈的意識相當薄弱，在世時都無法意識到「存在意義」，往生後又如何有強大的意念依附在人身上？

靈性層次與所接觸的靈界相對等

從人類的靈性修行來說：靈性層次與所接觸的靈界相對等，如果你已經具有靈通能親眼見到仙佛菩薩、鬼靈眾生、動物靈，此人的修為早已進入清靜的境界，在心態上、靈性上絕非一般人所能想像，也絕對不會在網路上散佈讓人心生恐懼的話。世界上絕對沒有那種四處論人是非、滿口鬼神，在靈性上修持卻相當崇高的人。

關於這位馬來西亞讀者所言：「九成的人類身上都有雜靈，一旦去除附在人體的雜靈，病痛可以馬上好轉。」我的態度是存而不論，每一個人的思想與認知，背後都有其文化、宗教觀在支撐，馬來西亞的民間信仰與宗教文化，自有一套詮釋靈界、鬼神、疾病的觀念，因我未研究過馬來西亞文化的信仰，在聽完母娘對於牲畜靈的解讀後，這位讀者的來信就留給您自個兒來做思考了。

④家人私自請神明幫忙，拿他們的壽命與好運換我的健康，我該怎麼還？

宇色您好，冒昧打擾，我一直有在收聽你的〈宇色心養生〉網路廣播和閱讀您寫的書籍，覺得很有幫助，今天想向您求助。

幾年前，我的健康出了問題，身體特別不好，之後家人在我不知情的情況下去行天宮和大陸的佛寺乞求神明，用家人十年的壽命和好運來換我的健康。最近幾年，家人的運氣一直不太好，後來才告訴我這件事，我心裡非常內疚。請問有什麼方法可以把這十年的壽命和好運還給家人嗎？懇求您的指教，感激不盡！

民間信仰中常聽到「功德交換」的說法，例如晚輩向神明祈求折壽命給罹病多年的長輩。站在靈修角度，我並不認為正神會為人們的私欲做出「以物易物」的事情，一方面，這種行為干涉了一個人的生命完整性，正神與佛陀絕對不可能為之。況且，家人為了當事者的健康而願意拿好運來換，實屬善事一件，如果所祈求之廟宇皆是大廟，正神應會了解這件事背後的動機，不會出現神明奪取家人的好運來換當事者健康的說法。

再者，當事者家人近年來運勢不好，不一定與此事有關，畢竟每個人一生的運勢本就有高有低，也許是剛好走到人生的低潮期，或是近幾年的心念有了偏差才導致運勢不好，都是有可能的。

從能量學角度來說，確實有能量交換的存在，我在《靈驗！我在人間看見拜拜背後的祕密》中便提及，燒金紙是一種火元素的能量交流，人們在燒金紙時不僅可以燒化心中的恐懼，在東西方古代傳統儀式中，火的能量還能帶給人們希望。因此，家人向仙佛祈求以好運換取讀者健康，是透過信念的力量交換而得到功效，這的確有可能發生。

發自內心的虔心祝禱擁有化解「發願」的不可思議力量

一個人的運勢好壞有多重的原因影響，不能從單一的角度判斷，假設你有類似的狀況，而且像這位當事者一樣，內心有所罣礙，不妨與家人準備鮮花素果，親自走一趟曾經祈求的廟宇（若在海外便不勉強），與家人一同向堂上仙佛稟明：

「〇年〇月〇日家人〇〇〇曾在仙佛面前祈求拿健康、好運換取本人〇〇〇的健康，本人〇〇〇已經健康療癒，今日起再也無須家人的好運交換，當時的祈求也不再有效，特準備鮮花素果前來仙佛前還願。」

一句發自內心的虔心祝禱是化解「發願」的力量，不要忘了，以自身健康向神明交換家人的健康、壽命是透過意念達到「能量交換」，虔心祝禱也是一種強大的意念，只要當事者願意做，自然而然就能化解家人所發的願❶。透過這個案例與大家分享一個重要的觀念：每一個念頭都會產生一個因果業力，尤其是在宗教場域（特別是法會）與仙佛面前，不可不謹慎。

❶關於拜拜一事有興趣的讀者可參閱敝作《靈驗！我在人間看見拜拜背後的祕密》、《靈驗2・我在人間發現拜拜真正的力量》。

⑤人人都要我辦事、濟世渡人，但我不想，怎麼辦？

因為家中的佛龕，無意間得知未來的宮名存在，只要師兄姊到我家，一定會鼓勵我要濟世渡人，但我不想辦事，該如何處理？

這問題就好像面臨考大學時，老媽一言、老爸一句、隔壁老王有意見，一表三千里的表兄姊又有其他的意見，最後好不容易大學四年終於畢業，沒想到更大的茫然還在後面等著我們——一開始就不知道自己在讀什麼，未來想當然爾就不知道要做什麼。如果我們從小就立志從事某項工作或對某領域深感興趣，旁人的意見絕對很難左右我們的想法，這個觀點套用在靈修上亦是如此，幾乎有九成左右的人在走靈修時，都是被宮壇師兄姊所影響的，走入靈修，除了開宮辦事為人民服務外，似乎沒有其他太多的選擇。

我也遇過學員跟我說，她只要到靈山廟宇寫天文、靈動，旁邊就會有一些不認識的師兄姊跑來說：「要修喔！」也有人會說：「母娘在點化妳，在找妳喔！」有一些心懷不軌的人甚至會出言恐嚇：「妳身上卡很多鬼，要處理，不然運途會很不好，處理一隻鬼要十八萬。」

如果每一個人講的你都信、也照做，相信存摺內的數字再多也會見底。在靈修上，常會出現「外人說我應該做什麼，但我不想去做」的情形，探究其原因，大多是**心沒有力量去判斷，以及對自己未來的路不清楚**。

我遇過不少宮壇宮主前來請示母娘關於靈修修法之事，許多人是在神明半脅迫之下開宮辦事，也不乏有人是被宮主、乩身欽點，說他們帶天命、要辦事才走上這條路，不管原因為何，都有一個共同的問題：我並不是真心想要開宮辦事，但頭洗一半了，不得不走……

辦事這條路牽涉到許許多多的問題，不論是有形或無形的考驗都非常多，在神明要求下開宮辦事、滿是無奈的宮主，本身對靈修法並沒有真正的認識與體悟，又該怎麼去教導靈子在實修上的技巧？更遑論宮壇內不同的人有不同的靈脈、主神，宮主必須視不同因緣來教導他們，想一想，要當一名帶領眾多靈子的宮主，也不是人人都做得到的。

建議對靈修有興趣或已在走靈修的人，一定要常常反思：「我到底在做什麼？我想做什麼？我能夠將自己的能力發揮在什麼地方？」只要每天都去思索這些問題，我相信再多人的閒言閒語，也絲毫動搖不了你的心。

⑥請問乩身信仰的真實性？

我拜讀過您每一本書，今日讀了最新的一本《我在人間的靈修迷藏》，想請問您是否相信乩身信仰與他們能力的真實性？我所相信的宮壇乩身可以說出我們在車上的閒聊——乩身本身也有曾去大陸龍虎山天師府接受北京道教考試，取得初階奏職。這是怎麼一回事？

走靈修多年下來，我更加相信鬼神的存在，也認為真有神明附體辦事一事，而靈修對我最大的幫助，是以更寬廣的心來看待這些鬼鬼神神。

我有一位相識超過二十年的好朋友，好友的母親秀枝姨❶很愛聊她的靈界經驗。有一次，她告訴我一則真實故事：

十多年前，隔壁鄰居搬走時，忘了將當初供奉的神像與神主牌位的神桌一併請走。他們搬走後不久，鄰居位在三樓的神明廳就常常發出有人用力拉扯桌子，桌腳磨擦地板的聲音，當時秀枝姨的小兒子就睡在三樓，與隔壁鄰居的神明廳只有一牆之隔，每到傍晚就會聽到隔壁在大力搬動神桌的聲響，這些聲響不僅秀枝姨和小兒子聽得到，每到吃晚餐時，一家五口全都會聽到，就好像隔壁三樓真的還住著人一樣。

就這樣，將近十年過去了，這個聲音從未消失過，秀枝姨就跑到住家附近的宮壇詢問濟公師父的乩童，濟公一附身，乩童便直指此問題的癥結，是鄰居請走神主牌位與神像，卻忘了要搬走神桌，也忘了跟祖先稟明搬走一事，才會導致用餐時間到，神明與祖先就翻桌要吃飯。濟公不急不徐寫下三道符交給秀枝姨，交代秀枝姨只要聽到隔壁的神桌搬動聲，就在門口把符給燒化，結果三道符燒化後，就再不曾聽聞桌子搬動的聲音了。

走靈修這麼多年，我看事情的角度不會只有信與不信如此粗淺的二分法，而是從另一角度去思考鬼神之事。讀者問道：「是否相信乩身信仰與他們能力的真實性？」我的前幾本靈修與拜拜著作並不是在彰顯靈乩能力，否定、看輕乩童的存在，而是要教導讀者從不同的角度去思考靈修一事。這類乩童顯神蹟的故事相當多，有許多傳奇故事令人不得不相信附在乩童身上的靈的厲害。

我想表達的是，我從來不曾否定乩童的能力，我也相信有些乩童確實具有不可思議的能力，但也要奉勸讀者，不論是乩童、靈乩、通靈人，都不應該以盲目的心跟隨他人，再強大的神奇能力最終還是逃不了死亡，重要的是，你所親近的宮壇、宮主是否有帶領你更加地認識你自己——這一點比擁有神通重要得多了。

❶化名，關於她親身經歷的祖先靈、鬼神故事，可參閱《靈驗2・我在人間發現拜拜真正的力量》。

⑦靈動後會出現狂笑、狂哭、想打人罵人等情況，我該如何處理？

靈動時，會把深層的記憶顯現出來，有一段時間，我靈動後會狂笑、狂哭、想打人罵人、摔東西，還有一肚子的怨恨、不平與忌妒……我從來不曾表現出如此失控的行為。有時，在靈動時也會出現某些過往的片段，好像我人生中的負面情緒都發洩了出來，感覺到靈修就是在清理內在的那個自己。

我想請教宇色，靈動時浮現出過往記憶造成情緒痛苦，我該以怎麼樣的心去面對，才能清理更多的內在問題？

在靈修過程中，無意間會觸動內心深處的陰影，那些隱藏已久的情結、被壓抑過深的情緒，都會在完全放鬆且專注的靈動中被釋放出來。從這個角度來說，靈修也有助於心理衛生。事實上，不只有情緒，包含過去生的記憶、與某人的關係等等，也都會在靈動訓體時被喚醒。主要的原因是靈動必須且唯一的要件——體內的炁，會透過靈動從體內排出，進而帶動體內積累許久的記憶，以及壓抑的負面情緒，因此，有人靈動時會出現大哭、大叫的行徑，皆是因為靈動所引起的發洩行為。

但要提醒讀者的是，不要以為所有的靈修人靈動大哭大叫皆是在發洩積累已久的負面情緒，唯有「真正的靈動」才具有達到身心平衡的功效，此時，靈修人需切記一個重要的心法——懸置。懸置，意味著存而不論。存而不論，就是我們並不跟著靈動當下所給出的情緒、異象起舞，知道、看到、聽到，但不加以評斷。

靈動時有時會發生體內氣脈通順或行走太快，身體與情緒無法控制的現象。此時最忌諱自以為是仙佛降乩訓體，或是要做什麼儀式、喝靜水、吃靜符，這些坊間宮壇手法都無助於平息體內太多強烈的靈動感。此時建議慢慢地停止動作，轉為丹田呼吸，透過平緩呼吸讓身體慢下來，待氣逐漸緩和再轉為打坐狀態；不習慣打坐的朋友，不妨直接靜躺，讓全身的氣脈順暢後，全身不受控制的靈動感便會逐漸消失。

很多人靈動時甚至會引爆出過往壓抑的情緒，有人會不斷地思考這些情緒從何而來，甚至串聯起小時候發生的種種，這樣的態度反而會讓心困在過去，一些精神異常的靈修人，就是因為卡在這一關走不出來而導致的。另一種不好的影響，就是容易把關係複雜化，在靈動中，有時會說出與某位師兄姊、主事者、家人的前世關係，若將前世關係套用在今世，就比較容易出問題。我曾經聽過兩位已婚的師姊，在靈修過程中感悟到彼此在前世是一對恩愛的夫妻，姑且不論這個感悟的真實性如何，她們將前世的夫妻姻緣套在今世走不出來，最後因此發生了超友誼的關係——走靈修沒有讓她們各自的家庭生活更圓滿，反而硬生生破壞了彼此的婚姻。

靈修人務必要小心，靈修時所產生的一切情緒，甚至是不可考的前世關係，都必須嚴守存而不論的態度，不必刻意想去釐清那些情緒從何而來，更不要想去清除，這些妄念都會讓心念陷入靈修迷陣中走不出來。

⑧為何神明不在靈乩做錯事的當下就制止呢？

我是透過朋友的介紹而開始接觸您的著作，偶有空閒時也會上youtube聽您的網路廣播電臺——《宇色看世界》。我曾待過宮廟，對於臺灣一般宮廟的修行，只能用「恐怖」二字形容。當初接觸宮廟的過程很神奇（託夢＋神蹟，也或許只是巧合？），至今我仍搞不太懂，如果是祂們的意思，那這段經歷又象徵著什麼？您在《我在人間的靈修迷藏》臺北場分享會提到很多點，都讓我心裡一直暗叫：「是的！沒錯！」像是某人自稱是某某神明轉世投胎、發生什麼大事就說是神明在幫他幹嘛……都跟我那間宮廟的主事者講過的一模一樣。原來靈修會有的花招在每間宮廟都一樣！

在宮廟待得不久，不到兩年所見之事已經令我瞠目結舌。後來那間宮廟的消失，也是因為我在離開後告訴其他人真實的情況，破了主事者（靈乩）的梗，雖然他們說我抹黑造謠，但我很開心，至少讓大家明白他們口中的老師是什麼樣的人。因為這段經歷，讓我從小到大的信仰開始動搖，我搞不懂，神明怎麼會找這樣可惡的人來當祂的傳譯辦事？為什麼託夢要我進這間宮廟？這個神明是怎麼當的？到現在我仍舊不明白，為什麼神明不在祂們所挑選的靈乩做錯事的當下就想辦法制止呢？

這個問題必須從許多面向解釋，我承認它有點複雜：

①**正神只會在適當時機給予有心人一個契機，卻絕對不可能左右一個人的行為，並非正神沒有能力，而是干涉一個人的行為，就是擾亂一個人今世的因果。**因此，正神絕不會干涉一個人的行為。

②**神明找什麼樣的人來當祂的口譯❶，其中牽涉許多真假的問題。**究竟是真的被神明所託付？或者只是當事者自稱的呢？我仍相信神明不會誤事，誤事的是人心。

③**宗教之事，一切事在人為。**一名靈乩心中的法是什麼？又依何種觀念來行宗教之事？這其實考驗著每一個靈修人的智慧。

④**靈修是無極瑤池金母所傳下來的無極法，祂僅傳授此法給人，但最終的造化還是決定在人的手上。**一名靈乩，可以選擇從信徒身上剝削金錢，過著榮華富貴的生活，但最終必受惡報纏身，就像《我在人間與靈界對話》中提到一名靈脈相當接近觀世音菩薩的師姊，她年輕時能力超乎常人，最終因為躲不過酒與財的誘惑，下場並不是太好。神明只能賜給人們一條路，但這條路走得光明或黑暗，仍然受業力的左右——絕對沒有「走靈修後就沒有業力干擾」這回事。

⑤**至於「為什麼託夢要我進這個宮廟？」這件事，我的回答同上述，神明不會錯，錯的只有人，神明託夢要當事者進那間宮廟，必定有其用意。**或許是想藉由讀者的正義感，讓宮壇

的人看見真相，或許有其他原因，我不得而知，但我相信母娘的教導：看見內心的光明前，你必須在黑暗中不感到恐懼。若由此去推想，或許神明託夢讓當事者進入那間宮廟，就是要透過該宮壇的醜陋面讓讀者對人生、靈修，引發不同的反思。

鬼神之事複雜難懂，神明的智慧也絕對非凡人所能理解，對於許多不解之事，或許到了蓋棺的那一瞬間，我們仍心存疑問，與其去推測神明的心，不如在當下好好實修，觀照自己的心。

❶我不想使用代言人這過度神格化的名詞，因神明無須獨一無二的代言人。

⑨想找有通靈執照的人來溝通處理，救我和我女兒！

十五年前，我在新竹市買了一間新房子，那是三、四年的空屋，裡面不乾淨，有外靈、鬼靈在作怪，我在不知情下搬了進去，從此怪事一堆，生活不得平靜，每天失眠睡不著，心神不寧，精神不濟，必須吃藥才能勉強入眠，身體也日漸衰弱。每天都偏頭痛、腰痠背痛、脖子肩膀僵硬痠痛，必須靠止痛藥度日；事事都不順，沒體力和精神工作——其實也找不到工作賺錢；連我女兒的身體也不好。

我經常看到影像，有時是透明的影子，有時是黑色的影子，一個男相，一個女相，有時站在一起，有時抱在一起，祂們還有法術，揚言要把我關在沒人的地方，還要害那些想伸手幫助我的人。我心生恐懼，不敢出去和人往來，後來我把房子賣掉搬出去，祂們還是跟著我，直到現在輾轉搬到高雄市租屋，仍然被跟蹤，深受其害，痛苦萬分。我女兒可能也受到了干擾，不聽我的話，也不吃我煮的飯菜，不愛讀書也沒精神讀書，高中考不上任何一間學校。

我想找有通靈執照的人來溝通處理（我聽祂說通靈必須有執照），拜託救救我和女兒，我們不想再被干擾了，到底如何處理化解才能讓祂們離開？

面對被鬼長期侵擾的事件，靈修派的處理方式，除了站在中間立場溝通和解之外，更重要的是找出當事者內心更多不為人知的問題。一個人若一直處於被鬼干擾的情況，有時候（其實是絕大部分）與內在性格與價值觀有很大的關係。

我先分享一個真實的案例，或許能讓各位對於長期靈擾有不同的解讀：

案例當事者的女兒自小便能看見異度空間的靈體——不論是鬼與神，因此常受到干擾。從她女兒還小時，便不斷有宮壇的乩童、老師表示她女兒今世要修行，是天生的修行命；此外，還常有老師說她女兒的天靈蓋沒有封上，因而靈魂出入自由，看得見靈界的眾生，雖然曾讓不少老師以術法封上，但效果都是暫時的，情況始終未能改善。她女兒在學校時，精神常處於空洞、出神狀態，考試時卻神奇地屢屢得到高分，她女兒也主動表示，考前常常沒有用心讀書，做答都是亂猜的，至於為什麼會考高分，她自己也不清楚。

近期她女兒情緒莫名的不穩，常發脾氣，與家人吵架。當我問女兒情緒不好是否有針對哪些事？她表示沒有針對任何事情，而是看每個人、每件事都不順眼，尤其是她母親事情不順時就牽扯靈修、卡陰、無形債主，更令她火冒三丈。她前陣子精神狀況不佳導致學業成績下滑，就被某某宮壇的師姊說是運勢低，又卡到一隻很厲害的女鬼，花了不少錢辦法會，害她足足站在大太陽下曬了四小時，她壓抑許久的情緒忍不住爆發了，她對母親大吼：「這有用嗎？妳怎麼都不用科學的方法啊？動不動就扯到靈修，結果有變好嗎？我還不是一樣不舒服，妳動不動就愛講鬼講神，妳知道我有多討厭妳嗎？」

這幾年下來，女兒被母親帶到全省各地，做了無數場祭改法會，用各式各樣奇怪的儀式化解易卡陰的體質。這位媽媽也對我坦言，或許是運氣不好，跟的老師都不是很正派，耽誤到本身的修行，也害得她女兒的情緒如此不穩。

觀察過這對母女的互動，我心中便有了底，她們親子之間應有許多狀況，不是一時半刻可以解決的，我相信這個女兒心中一定有許多問題，需要一層層地抽絲剝繭，於是請母親暫時離開，讓我私下跟女兒談。

我知道她對通靈的反感，特別事先徵得她同意才引導她進入元辰宮，一探她內在的精神狀況。令人意外的是，她比一般人還要快速進入到元辰宮——這其實顯示出她的現實感相當薄弱。經過一番波折，終於找到了代表一個人一生健康的花叢，沒想到竟然是凋零的，而且照顧花叢的花公還表示束手無策。當我正在盤算下一步該如何時，她竟然開口說：「元辰宮內出現兩個我了，一位是大約三歲左右的我，一位比較高大，但還是比我小一點。高大的那位看起來很悲傷，而三歲那位比較快樂、自在、不在乎他人的想法。」此時，我知道這兩個「她」都是她內在的次人格。

透過諮詢對話技巧，我了解到高大一點的她是她內在的化身，三歲的她則是她期盼成為的自己。我以靈修法引導她的元神，三歲的她瞬間長大成人，而充滿負面情緒的另一位則逐漸消失。高大一點的她快要消失時，她本人卻開始大聲哭泣，此時她才告訴我，自小承受的壓力、父母不睦，以及父親不為人所知的祕密（顧及隱私，此部分予以保留）。

當一個人從童年便失去幸福與快樂的回憶，就必須在心理層面快速地成長，以致童年時的不愉快回憶如影隨行，在心理上，這是非常煎熬與難以承受的——她並沒有卡到陰，也沒有任何靈的問題，她只有「心」的問題。她情緒不穩、容易恍神，都是心理問題。

結束了問事後，我跟這位母親表示，她女兒並沒有卡陰，因此，對孩子最好的方式，是去尋求身心科醫師或是合格的心理諮商師，而不是帶著孩子求神問卜。她女兒正值二十歲青春年華，正是多交朋友的年紀，應該多鼓勵她向外發展，而不是鎮日陪著母親待在靈修與鬼神世界——已經失去了快樂的童年，若再失去這個年紀該有的快樂，不是很可憐嗎？

聽完我的建議，這位母親卻說：「可是，每一個人都跟我說她不應該交男朋友，會有不好的結果。」我告訴她：「才二十歲的女孩，硬要她談修行似乎太遠了，我不知道她談戀愛會如何，但談戀愛的過程中可以激發人內心更多的力量，那是體悟人生的一部分。」

可惜的是，事後她依然帶著女兒四處問事，仍深信女兒身上卡著眾多的鬼魂。我並不是否定卡陰的存在，但在我以往的問事經驗中，有太多所謂的卡陰、卡魔，到頭來都是心的問題，如果你或你身邊的朋友常常受到靈擾，容易捕風捉影、見到黑影就開槍，或是正在四處求神問卜、找通靈人化解鬼之事，不妨先把心靜下來，好好思考一下，自己的生活是否真正活得自在又快樂？又或者只是將所有無形、難解之事，都推給看不見的鬼神而陷入不自知的盲點中。

⑩地藏王菩薩來夢中指點我的前世因緣？

在因緣巧合之下，從youtube聽到您的節目後，感到非常欣喜，您對靈修的見解，讓我心中隱藏很久的困惑有了解答。也許是觀音菩薩慈悲，終於讓我找到了方向，讓我能夠繼續朝修行的道路前進。

二〇一三年十月的一個星期三晚上，我夢到地藏王菩薩。夢裡，祂先問我身高多高？我並不高，祂一下就戳到我的痛處，所以我站起來很不屑的回答祂：「我就這麼高啊！」（總之就是不想直接告訴祂答案，讓祂自己看。）地藏王菩薩笑了笑後跟我說：「妳的前世是臨汾縣人，妳跟一位姓賴的女子在搶同一段感情，妳的未來會很好。」然後，夢境就此結束了（夢裡祂操外省腔國語，醒來之後我用音去查，在大陸確實有個地名叫「臨汾」）……謝謝您耐心看完我的信，也期盼能夠順利預約問事，讓我心中疑惑有更清楚的解答。

人在非現實的環境（例如夢、靈動、訓體時）中，有一些情緒、疑問會得到妥善的處理——非現實世界有一種自由奔放的空間，點亮人們的內心，化解現實生活中看似不可解的問題。來信者提及「祂一下就戳到我的痛處，所以我站起來不屑的回答祂……」暫且不論地藏王菩薩託夢一事是真是假，光從夢境中便透露出當事者內在的想法與心結：

- 是否容易自卑？
- 是否常容易陷入與人競爭的心結當中？
- 心中打定的念頭是不是「人生必須努力地工作、生活，才能避免讓人瞧不起」？
- 現實生活中是否一直想要向別人證明自己可以做到？
- 不想臣服在權威底下？
- 不服輸？

這些非常內在的情結，是否深深綑綁住她的心了呢？

至於地藏王菩薩點出她是臨汾縣人，以及與某人的關係，你當然可以認定是地藏王菩薩牽引當事者知曉前世今生的因緣，但若從解夢的角度來看，與賴姓女子搶同一段感情，但最後結尾卻是「妳的未來會很好」，這在邏輯與因果上，其實有矛盾與不合情理之處——為何與人一起搶同一段感情，未來卻是很好？不過，若從夢的感知上來看，並將前後情境串連起來，便可解釋成：潛意識在遞傳一個重要訊息給當事者——不要與人競爭，有「神」（地藏王菩薩）在保護，妳的未來會很好。

我想強調的是，夢中的情境絕大部分（並非全部）與內在情緒、童年時期及現實中不平衡之事有很大的關係。針對夢境，瑤池金母是如此解釋的：「夢，是感受所幻化出來的故事，若能深入去感受那一份感知，必能知道夢與你的關係。」

夢境與童年的回憶有很大關係

再分享另一個跟夢境有關的問事實錄，個案是一對夫妻，他們一同前來詢問前一陣子所做一連串不可思議且詭譎的夢。老婆做了兩個夢：

‧第一個夢

「她搭火車南下到高雄知名的景點——龍虎塔與春秋閣，但她對這兩處的印象僅停留在三十多年前、就讀小學時曾經去過。接著畫面一轉，她來到了某一間寺廟內，看見兩名小女生站在牆邊，努力地在放類似骨灰罐的罐子，其中一位頭上戴著濟公帽，另一個極不清晰。」

請示後，母娘是這樣指示的：

火車代表「一段時光之旅」，火車開向南部回到小時候印象最深刻的廟宇，代表這個夢境與她的過去有很大的關係，同時也意味著當事者對此時的現實生活有無力感。夢中的兩位女性其實都是當事者的內在化身，濟公帽有著神職辦事、宗教、宮壇的象徵，代表她內心仍想要學習靈修並為人服務（事後證明確實如此），另一位看不清楚樣貌的小女生，則代表有另一個不明確的未來正等著她。

此夢境暗示她別忘記自己自小便對宗教深感興趣，雖然多年過去了，但這個「帶著濟公帽的小女生」暗示著這份宗教因緣未曾斷過。

這名當事者找我問事過很多次，每次一進到我的工作室，總是不斷打嗝不曾停止，一直要到我順一順她身上的氣場後，打嗝才會停歇，她表示自己到寺廟或磁場較強的場域，以及遇到氣場較強的人大都會打嗝，她向我表示，本身對宗教深感興趣，礙於事業與婚姻，近年來熱忱減退了不少。

・第二個夢

「她在一條小徑上走，突然兩條身軀像碗公一樣粗的大蛇出現在眼前，她卻絲毫不感到害怕。她不想傷害牠們，只是用腳輕輕踢了牠們，兩條大蛇便靜靜離去。過不久又出現了一條小蛇，小蛇並不懼怕她，用力朝她的腿咬了下去，這一咬，讓她整個人從夢中清醒過來。」

請示了瑤池金母後，母娘表示兩條大蛇是她內心兩股力量的化身，一條蛇代表了改變的力量，另一條則代表沉穩智慧❶，意味著她一直想要改變內在、突破現況，成為一名心性沉穩的人。至於之後出現的小蛇，則是潛意識在提點她近期行事必須小心。同時，這也暗示她：想要改變內在成為一名心性沉穩之人，必須事事如履薄冰、小心謹慎。

聽完瑤池金母的分析後，當事者頻頻點頭，暗暗稱奇，母娘的一席話在在都吻合她內心的想法。

另一方面，她老公也做過讓人匪夷所思的夢：

「他獨自一人走進一個冷清幽暗的無人火化場，他不安地在裡頭張望，不敢擅自再向前走一步。隱約間，他看到一位年約五十多歲的男子大體，靜靜地躺在冰冷手術臺上，他倒抽一口氣後，便驚醒了過來……」

針對這個夢境，瑤池金母指示，這位先生的童年生命裡有一個非常重要的人，這個人在五十歲左右離世，這個人的逝世時對他造成的恐懼感一直佔據著他的心。前不久，他生了一場大病，差點往生，生活與工作一連串的壓力，使得積壓在內心多年的恐懼再度升起，再加上他的年紀與夢中男人歲數相符，才會做這個令人不安的夢。這個夢境的產生，正意味著他並不如表面上如此看淡人生，仍然對死亡感到害怕與不安。

隻身一人走入火化場，意味著不久前與死神擦身而過的陰影仍殘留在他內心，同時他也意識到人生必須一個人面對死亡，瑤池金母慈示：「躺在冰冷手術臺上的男子，不是別人，正是他自己（一直存在死亡恐懼的他）。」

聽完母娘的分析後，他才告訴我說，他父親在五十多歲時往生，當時他年紀小，並沒有太強烈的感覺，卻從此承擔起長子的重擔，開始照顧弟妹和媽媽。而不久前，他確實如母娘所講的經歷了一場生死交關的大病，也是他生平第一次進手術房；開刀前，他很擔憂兩個年紀尚小的子女，害怕如果開刀不順利，會不會讓孩子就此失去了父親——就像小時候的他一樣。此時，他也正臨近五十歲。

我反問他對人生有何想法，他告訴我：「人生就是這樣，工作、家庭……」我回答他：「夢不會騙人，或許你內心仍對未來有許多想法，只因現實的無奈而無法圓滿。」他沉默了一會兒後坦言，方才母娘解夢太驚人，點破他四十多年來的心結，也化解了這個夢境帶給他多日的不安恐懼。

神明託夢？母娘親授公式來解惑

對於夢見神明一事，我並不會完全將它與「神明來找」劃上等號，瑤池金母曾說：「夢見神，先思考夢中你的感受為何？以及你對這尊神明的印象？再思考神明的精神所在，三者連結便是答案。」對於神明託夢，千萬不要一股腦的認定是神明來找，夢境隱含著許多你內心不為人知的祕密。

近年來，我常為人解夢，一部分是根據我在研究所學到的解夢技巧，而關於神明的夢，則是在母娘教導之下才得以解析夢中涵意。母娘的解夢常讓我感受到祂的慈悲與智慧，母娘的厲害之處不侷限在靈修，而是無遠弗屆地觸及到人們生活中的大小事。提醒常做夢的你，夢常常透露出一個人內心的祕密，夢是內心對現實生活未滿足及現實生活的元素大融合；如果你有走靈修，有多夢的狀況，夢境可能也常會與仙佛有關，但仍舊別輕忽夢境與內在的關係。

❶其實，在西方精神分析中將蛇視為一種智慧、蛻變、改變的化身，與一般人印象中蛇的概念有很大的差別。在這個部分，母娘所指示的內容與西方精神分析有相似之處。

⑪被外靈長期控制，晚年沒有好下場！

一、兩年前，在因緣際會之下，有幸在網路上搜尋到您的電臺轉播，之後便時常不定期地收聽您的節目，很認同您對修行的理念，也購買了您的書籍，裡面的分享讓小弟在心靈平靜與成長上都得到了莫大的幫助，非常感謝您。

讀過您的書後，有幾個問題想請教，希望您能抽空分享相關經驗：

我聽過佛、道教的修行人曾說過靈修派是讓外靈附身辦事（不知道是不是就是您說的元神），靈修人利用外靈的能力累積功德因果，而外靈也藉靈修人辦事吸取功果，這樣做彼此都能受益。但靈修人沒有實修，只靠借身體給外靈辦事，而且本身靈魂已經被外靈（元神？）長期控制，晚年都將沒有好下場。

請問您對此有其他的見解嗎？還是說，他們其實不了解靈修派口中的元神是什麼？是否佛教或道教的傳統修行方法，沒有元神覺醒之說呢？

我在《我在人間的靈修迷藏》提過，靈乩不同於乩童，「乩童是外靈藉以辦事調解人世間疑難雜症的載具，而靈乩是完全有自主權的獨立身，它完全不受控於任何一位仙佛、外靈，靈乩是以修自我為主，不是為了協助任何一尊仙佛辦事而來。」

我要再次強調，靈乩辦事是自主性的，不了解靈修派修行方法的人才會誤以為靈乩是修外靈；前不久也曾有臉書的女網友告訴我，她的朋友得知她正在走靈修，便轉述臺灣某座佛教山頭住持對靈動的看法：「靈動會招來魔，這是在修外魔不是正法，應該棄靈動回歸正法修行。」

對於這位已被大陸列為邪教黑名單的住持的觀點，我的看法是：佛教不是全世界唯一的宗教信仰，更沒有資格站在自己的宗教立場去評斷未曾實證的事物。靈動會招鬼之說有何證據？一名正信宗教之人豈能滿口鬼鬼魔魔？

宗教的範圍非常寬廣，佛教、道教自有一套修行的方式，站在自己的立場去判斷任何非自己所熟悉的領域，其實有欠公允。另外，佛道教光是對本身的修行就有許多意見分歧之處，又如何去評斷其他的修行方法？

元神單從字面上來看很容易讓人誤解成一條獨立於靈魂之外的靈體，元神很難去定義，它可以說是我們靈魂的一部分，也可以說是先天之炁、潛意識、能量等等，因此，如果有人說元神是外靈，代表他只是站在門外評斷屋內的人，不夠客觀與中立。

另外，靈修派很容易讓外人誤以為是在修外靈的原因，除了分不清楚靈乩與乩童的不同之外，有絕大部分是因為靈修人常常在一些大廟裡做出非理性與失控的行徑，看在某些自認為正信宗教的人眼中，便會自然而然的看做是外靈附身的起乩現象——一名靈乩修的是自己的心（元神），外靈附身一說並不正確。坊間所見、在廟宇前又哭又叫類似起乩的現象，並非靈修的全貌。

對於這位讀者所提出的疑問，或許正在走靈修的讀者也應該反省，自己是否一味地沉浸在神鬼世界而忽略了旁人的感受。

⑫濟公師父與韋馱尊者要我為他們辦事？我該何去何從？

我從二〇一六年開始會看到幻境，我的左右兩側常常各站了濟公師父與韋馱尊者，祂們向我說要一起辦事，為許多無形眾生求渡化。之後到大廟求證，濟公與韋馱確實有要我與祂們一起辦事。

這段期間我聽從祂們的指示也辦了多起無形事，有時處理完無形的事情後，我會從當事者的回報裡得到印證，為求謹慎，我還會到大廟擲筊請示神明，堂上神明也一連給了我好幾個聖杯，證明我所處理的無形事皆已圓滿落幕。

祂們要我去臺南天壇領無形旨，我去領了無形旨，事後也都擲筊得到聖杯應允。韋馱一直告誡我要清修（說我在過去世曾發願生生世世要渡眾，所以此生與婚姻無緣）。有一次，依附在某間姑娘廟的靈要我為祂處理一些事情，經過濟公與韋馱同意後我去處理了，事後姑娘廟的靈跑來跟我道謝，還說要贈予我金錢以答謝我的協助，但被濟公師父擋住，我對這件事情心存疑問。

這一段期間我一直感覺非常不自由，都不能做自己，一切都必須聽從祂們兩位的指示與安排。

外靈尋求人一起辦事共修，或者是被外靈控制的情況確實是存在的。這種情況最常出現在養小鬼、購買來歷不明的泰國陰牌、養嬰靈，使用不正當手段達到目的；另一種情況就如同這位個案的故事。

人會被外靈所控制嗎？就我個人的經驗來說，這並不是因為外靈有強大的力量能控制人心，只是「心」太脆弱，沒有力量降伏外在力量。以我親身的經驗，十多年前也發生過我與元神力量抗衡的事件，但最終我仍拿回靈魂與生命的主導權❶。

不論是鬼或神，人最終總是要拿回靈魂的力量

這位個案說自己是一貫道的道親，但沒有太深的信仰，只有在道場舉辦法會時會抽空前去幫忙。據她表示，二〇一六年某一日，她到道場佛堂前看見濟公師父與韋馱尊者站在現場，她有詢問當時在場的點傳師，點傳師並未見到她口中所說的濟公師父與韋馱尊者，僅表示這兩位仙佛與她有緣，至於後續該如何處理，這位點傳師並沒有明確告知。從那天離開道場後，這兩位仙佛就一直跟著她。

問事當天她依約前來，從她的言談舉止粗略判斷精神狀況相當正常，也沒有出現語意不詳、專注力不集中的現象。與她細聊這一年的種種，濟公與韋馱如何教導她處理鬼的請求及為人處理無形事時，都可以發現到確實有其準確度，並非幻覺。

她甚至表示濟公與韋馱就微笑地站在我的兩側。一開始，我拋出一些問題，請她代為請教，濟公與韋馱卻不發一語。現場我並沒有感受到高靈降臨的高頻率氛圍，空間氣場變化性不大，因此初步判定她口中的濟公與韋馱並非靈格相當高的本尊，但也絕非鬼魅幻化而成。後來，我又故意考她一些的問題，濟公與韋馱終於開口回答，答案卻是錯誤百出，我於是更加肯定祂們的靈能力並不高，只能處理一些卡陰及無形眾生的疑難雜症。

我問她：「妳找我，是想了解祂們與妳的關係？還是想問該如何看待這件事情？」她一臉正經地表示，來找我問事並不是想要請示母娘，而是在一口氣閱畢五本「我在人間」系列的書後，感覺我的生活與靈修相當自在，絲毫不受任何一位仙佛的控制，我口中的母娘也未曾脅迫我做任何一件事情，反觀她自己這一年來，一直被濟公與韋馱所左右，只要有一點不順祂們的意，就會有災厄發生，例如，在沒什麼障礙的路邊停車，剛停好車就聽到「咚」一聲，檢查後發現車門被劃了長長一道痕跡。此外，最常發生的困擾，就是祂們總硬生生將電腦螢幕切掉，無論怎麼弄，就是呈現當機狀況——幾次之後才明白是濟公與韋馱要她出門，而她一出門一定會遇到鬼魅眾生，後續就是要為祂們處理生前未了之事。

不要成為外靈信使，包含神明也是

「不要成為任何靈的信使，包含神明也是。」我提醒她，「敬天地、尊鬼神，人對神鬼要尊敬，但不是要成為任何一尊神明、鬼魅的奴隸。靈修是修元神，是將心顧好，我以尊敬心來對待所有一切的事物，但不以交換方式換來祂們的庇佑。我有問題請教母娘，但母娘不會指使我做任何一件我不願意的事。」

至於她與兩條靈的關係，瑤池金母則是如此解釋的：

幾世前，她是一位虔誠的信仰者，家中供奉著濟公與韋馱，以及其他神像，一年到頭都恭敬的膜拜，也曾在祂們面前發誓，一生一世以祂們的精神為主。那一世的她，直到逝世前一刻都心繫在祂們身上。經過幾世輪迴，她的願力一直與當時神像內的靈連繫著，今世因緣成熟了（信仰了一貫道），祂們依她的願前來，一則是讓她的生活無慮，二則是這兩條靈也有幫助他人之心，只是她並不想繼續當濟公與韋馱的代言人——我看得出來，她其實相當不快樂。

她接著問我該怎麼辦？母娘慈示：「當我告訴妳這段因緣後，妳的內心能夠不升起一絲一毫與祂們連結的念頭嗎？」聽到母娘這句話，她立馬告訴我，站在一旁久久未語的韋馱尊者，竟然大笑對她說：「我安排妳來找宇色，就是要妳聽到這一段話：『內心一點都不想與我們有關係』，妳有辦法做到嗎？」據她表示，韋馱尊者的口氣相當輕浮。聽到這裡，我打從心底認為祂們並不是正神，據她轉述，兩個外靈的態度與說話方式與一般人無異，絲毫沒有仙佛應有的風範。如果仙佛說話與人一般，就算真的是外靈降駕，其靈格也不可能太高。

瑤池金母的意思是，對於一切難以解釋之事就以平常心視之，這是修智慧的第一步。靈界、鬼神有太多超乎一般人想像的事，要想看穿事件背後的原由，安住心是絕對必要。母娘進一步為她解釋，人與神的因緣，必須建立在平等、互重、尊敬的關係上，前世的因緣就留在前世了，今世有新的因緣要去了結；我也告訴她（與祂們），不論前世如何，都以今世為主，前世的恩怨都應該在今世做一個了結。

在這邊我不得不引用佛教的一句話：「善人行邪法，邪法亦正。邪人行善法，善法亦邪。」或許我們沒有能力決定外靈的靈格高低，但是，至少我們絕對有能力管好我們的心的品質。

❶請參閱《我在人間與靈界對話》。

⑬我女友的前夫是降龍太陽神君，她是太陰星君的女兒，我該等待她嗎？

我與一位離過婚的女子相戀，她會接觸靈修，與她的前夫有很大的關係。據說她前夫是降龍太陽神君轉世，而她是如來佛與太陰星君的女兒。我女友帶修行的天命，她告訴我，她的無形老師表示，如果我今世沒有走靈修，就沒有資格與她在一起。她在二十歲左右開始接觸靈修，如今也快九年了。這麼多年過去，我自認不是修行的料，因此她的無形師父也就不同意我們兩人繼續交往。

我的女友每個禮拜都到全國廟宇轉靈，去會靈山時都是穿著便服，不像一般靈修人穿道服，也不燒金紙之類的。據她所說，她今世的天命是渡化超拔一些十六、七歲便往生的小孩靈。

女友雖然跟我在一起，但內心仍然很在意她的前夫，他們兩人離婚是因為前夫劈腿。最近我向她坦承了我想要繼續在一起的想法，當時並沒有取得共識，可能是為了氣我，她竟然答應了前夫復合的要求！

此外，她家無形師父說她是太陰的女兒，代表月亮，前夫是降龍太陽神君轉世，代表太陽，陰陽同修對彼此日後的修行會更好，他們兩人復合至今已經過了兩年，兩年來始終吵吵鬧鬧的，個性上有許多不合的地方。她曾向我表示，若是她主動提出離開男方，無形師父會要她放棄所有靈通能力，甚至連靈修也要從頭來，但是她並不願意放棄靈修。我聽到這裡，倒是打從心頭感到很開心，我女友就可以過正常人的生活，不要再全國跑來跑去，這樣不是很好嗎？

請問宇色，我該繼續等嗎？還是……？我真的很不捨看她繼續這樣生活下去了！

從靈修角度來說，神明轉世的神話故事的確是宮壇內不可或缺的元素之一，事實上，類似的故事總不斷在宮壇內流轉，只是換個角色罷了——自稱是觀世音菩薩、九天母娘、媽祖、文殊菩薩轉世的人更是不計其數。近年來，靈修風潮興起，簡直到了「路邊招牌砸下來都可以打中一名神明轉世者」的地步。關於「女友是佛陀與太陰星君的女兒，前夫是降龍太陽神君轉世」等說法，前文已有相當多的論述，在此就不再贅言，留待讀者去思考。

臺灣儒學家暨哲學學者、專門研究愛情學的曾昭旭教授曾說：「戀愛給人最高的嚮往、最大的期待，就是希望自己的生命能因此獲得開放、自由與圓滿。所謂開放，就是生命的禁制被打破、撤銷，由此獲得一種自由舒暢之感。所謂圓滿，就是基於自由，能和另一個生命完全合一，心心相印、兩位一體、水乳交融。」愛情課題相當的神聖，是每個人今生都會遇到的課題，甚至是某些人一輩子的課題。

藉由讀者的來信，我想要提點以下幾個讀者最容易在靈修上犯的迷思：

①神明本尊不可能轉世，就算是分靈轉世到人間，其地位與身分也必與眾不同。坊間盛傳，毛澤東與蔣中正分別是玄天上帝腳下的蛇與龜分靈轉世，僅僅是神獸分靈轉世，今世地位就如此崇高，更何況是本尊轉世？再想一想，一位真正的聖靈轉世，祂在出世時必帶下祥瑞之相，再者，聖靈轉世對人世間勢必有相當大的貢獻，不可能困在小小宮壇太久，因此，走靈修一定要避開自稱某某聖靈轉世的老師。

②佛教、道教跨國戀情也是坊間宮壇最流行的說法，讀者來信說她女友是佛陀與太陰星君的女兒，我也遇過自稱佛陀與瑤池金母的靈子、阿難尊者與織女大談戀愛等等，這種完全不符合史學、神學架構的說法充斥在坊間靈修道場，讀者一定要記得：靈修絕對不是活在宮壇杜撰的神話故事中。

③正神是教導人們跳脫感情的束縛，而不是像喬太守亂點鴛鴦譜一樣，到處為信徒、弟子當媒人。我甚至還聽過一些靈修道場玩點靈認主還不夠，還想出「認親」的新花招，直指信徒與弟子前世的因緣，要他們放棄今世的婚姻去了結前世姻緣，如果這不叫怪力亂神又是什麼呢？

讀者問：「我該繼續等嗎？」老實說，真的很難回答。讀者來信所闡述的內容牽涉太多情感之外不實際的鬼鬼神神，所處的宮壇也活在一套無形老師自創的神話世界當中，當一個人的心沒有力量與智慧，便無法在失衡的愛情上做出判斷，唯有在當事者的心隨著時間推演而逐漸成熟後，才有足夠的智慧來面對這個問題。

奉勸讀者走靈修千萬要小心，婚姻、感情之事豈能任由別人怎麼說就怎麼算呢？請讓愛情回歸單純，不要讓愛情參雜鬼神故事，那只是會讓原本就不單純的問題變得更加複雜。

⑭可以在醫院靜坐念經嗎？

認識您是很久以前的事了，當時一位女性朋友給了我一本您的書，無奈緣分未到，我接觸的宮廟師兄姊要我們不要亂看其他的靈修書、文章，以免嚇到自己，所以我當時並沒有閱讀您的著作。事後回想起來，他們口中的鬼神論，反而才容易嚇到我——到最後我只敢在宮壇訓體、打坐，離開宮壇後都不敢做。我在還沒啟靈前，自行在家練習靜坐約有一年半的時間，後來因為感覺到氣動、身體浮起來，再加上師兄姊的話，讓我不禁聯想到自身身體反應可能與外靈有關，嚇到從此不敢在家靜坐。

二〇一六年七月，很幸運的（大概是緣分到了）無意間看到您的分享，我非常喜歡您的論點和看法，所以瘋狂的把您其他的書都看完了，只差《靈驗2・我在人間發現拜拜真正的力量》還沒看，真的很感謝老師的無私分享，讓我和先生開始向內看，練習安住於心。我隱約感覺我的元神很急，很想去學習。日前我們在花蓮開刀時，去了您書中提過的慈惠堂總堂和勝安宮給母娘拜拜，求母娘給我指引，讓我知道要怎麼做，我們後來選擇在花蓮治療我老公的癌症。我先生日前開刀後驗出是癌症，必須住院化療，我們有在打坐和念經，不知道是否能在醫院靜坐念經呢？

在家可以念經嗎？晚上可以念經打坐嗎？不在神像前打坐會招來魔鬼附身嗎？這十幾年來我遇過不少走靈修或跑靈山發瘋、精神異常的人，有思覺失調症的人更不是少數，幾乎沒有一個人是在家念經、打坐，反而多是處在鎮日怪力亂神、疑神疑鬼的宮廟中，才容易發生這些狀況。很有趣是，那些認為在醫院、家中打坐念經會招來好兄弟的人，往往都沒有靜坐的實修經驗——**未具正知見的人，往往是散播恐懼的來源。**

某一年，我到新社內觀中心參加十日的內觀課程，期間完全禁語，不得使用手機。每天早上的靜坐，可以選擇在房內或共修室，我習慣在房內、面對著窗外打坐，享受一個人的時光。課程結束後，隔壁床的學員問我，為何總是一人面對墳墓打坐？是否在進行某種特殊的修法？經他這麼一說，我才驚覺到窗外有墳墓一事。當時是一月初春，在太陽還沒露出曙光的凌晨四點打坐，壓根沒有注意到窗外景色，十日打坐課程結束，我也沒有遇到任何不好的事情，更遑論被鬼附身或招來不好的事情。

修行最困難的是克服掉舉之心，「掉舉」就是心不安住，懷疑東懷疑西，做一件事情的同時卻在想另一件事情，而念經打坐就是在克服心的雜念。在每一個當下，應心無旁騖做好本分，不要妄想鬼鬼神神之事。**心安住自在，無處都是念經打坐方便之處；心懷邪見，就算手拿經本也會疑神疑鬼。**

⑮我遇到了一位能夠滅絕西方極樂世界的通靈人？

二〇一二年，朋友介紹了一份工作給我，是一間由三個人合夥開設的補習班。女老闆自稱是佛陀兒子羅睺羅所幻化出來的靈子，名為釋歡忻，她的父親是釋迦牟尼佛，母親則是無極瑤池金母。其中一位女合夥人自稱是玉皇大帝，名為吳濤，是無極瑤池金母的學生，與女老闆在靈界為一對情侶。另一位女會計師則自稱是媽祖轉世。

原本以為這是一份普通的工作，只是隱約會在她們言談中聽到仙佛菩薩的名號。後來才發現，任何跟公司或會計事務所有關的業務，都會被她們拿去八卦山或元辰宮擲筊請示神明。慢慢的，她們透露有層級非常高的神佛在帶領她們，她們自稱是具有崇高地位、非一般能力的通靈人。初期聽到她們轉述神明要辦一所學校，一方面自己身為員工，另一方面也因為第一次接觸通靈人而感到新鮮，我原本就對神祕的事感到好奇，再加上正念不足，慢慢地也就身陷其中。期間，女老闆常說要傳遞神明訊息為我們這群員工上課，有時是要我們抄寫金剛經，但又常常以因果威脅恐嚇我們，或以神佛之名要我們拿錢出來（我也陸陸續續拿了一、兩百萬出來），一旦員工想離職就受到威脅，因此我一直沒有離開。

在補習班三年多，其他同事紛紛找機會離職，而當我提出離職時，女老闆總是搬出各式各樣的神話故事要我留下來幫忙。不久，女老闆自稱她是執掌天地風、火、雷、電的CEO執行長，甚至還具有左右靈體死刑的能力，當她令某一條靈體消失在人世間後，會以LINE通知我們，此行徑令人感到不安、恐怖；她還宣稱自己執行了西方極樂世界的滅絕，說這是為了彰顯天理。最後，女老闆精神狀況已經不穩定，出現嚴重干擾的現象，在不得已之下解散補習班。公司解散後，女老闆不敢獨自一人面對鬼影憧憧的住宅，其他兩位合夥人不斷勸我收留她們，我在無法拒絕之下不得不讓她們三人暫住我家。兩週後她們離開，卻留下她們這段期間言語威脅下所殘留的恐懼。

這三個人在我家一直稱釋迦牟尼佛要滅天地，連我的命都要收回去，除了上班外，我嚇到不敢出門，也不知道該如何向別人述說這些荒唐的事情。我開始出現嚴重的失眠，每每一入睡後腦袋裡就出現一堆奇奇怪怪的聲響。幾個月後，我突然醒悟到，諸佛菩薩與神尊和她們所說的不盡相同，我必須找出真相，不能再傻傻的活在恐懼中。一天，我在網路上看見你的一些著作，閱讀一系列的靈修、拜拜書後，我才發現自己竟是如此愚痴，完全迷失在所謂的神通當中。

我第一次體會到，諸佛菩薩和神尊離我是如此的近，卻又如此遙不可及，豈是一些自稱仙佛轉世的人可及的？然而，事情發生必有其緣由和意義。想請問宇色，我所經歷的這一切到底是怎麼了？我會遇上她們又是怎樣的緣由，該怎麼做，才能讓此事更圓滿？

正信的心從神話中找到智慧，邪見的心相信自己是神話的一分子

如果你已經詳盡地閱讀完本書所有的Q＆A，再看到這位讀者的故事，相信你心中大致已有一些想法。我藉由她的故事條列出本書的重點，也希望走在靈修路上的讀者們可以更加清楚坊間的靈修樣貌。

①神話故事是民間信仰中不可或缺的元素之一：幾千年來，民間信仰中的神話故事早已構成一定的依據與脈絡，很難去更動，因此，判斷一名靈修老師、道場是正或邪，最簡單的方法就是留意他們口中的神話故事是否為毫無邏輯的自創故事。前面提過的讀者故事中，讀者的女友是佛陀與太陰星君的女兒，這則故事中的女老闆則是釋迦牟尼佛與無極瑤池金母

之女，我相信佛陀如果還在世，聽到後會猛搖頭：「我在印度證悟涅槃❶便不再回到人間了，怎麼過了兩千五百年，還能與中國神明大談跨國戀情呢？」諸如此類諸神聯合國的論點，常常出現在偏頗的靈修道場當中。會將佛陀、中國神話故事亂牽線的人，幾乎都是未深入研究佛法的人，對靈修的認識都停留在粗糙概念。

我並不是說神話故事內的神明不可以改變，而是它必須經過一段漫長時間的演進——神話故事是跟隨人類世代的演變而調整的，不該出自某一個人的嘴巴，而是由全人類的集體意識所掌控。佛陀在兩千多年前是佛教的創始者，千年過去了，祂被印度教列入濕婆神的分身之一，或許有一天佛陀真的會跟瑤池金母攜手走上紅地毯，但我想，那絕對不是你我這個世代能夠看見的。

②**正派的老師、道場絕對不會與信徒、弟子之間有任何不正當的金錢往來**：不論是直銷、借錢、投資等等，全都是不被允許與接受。修行有一個很大的元素——「尊重」，尊重是指保留個人的私生活（不干涉）、保持適當距離，關係分明。與信徒、弟子之間太過密切，或是有借貸、金錢往來，就不算是正派的靈修道場。更不可像讀者故事中所說，以各種鬼神名義向人借兩、三百萬。

③**情感牽涉到神話故事與靈界，必有問題**：人就是人，必須努力克服的是自己的人生課題，故事中釋歡忻與吳濤在靈界為一對情侶，如果真是神明轉世（當然機率是零），在情感方面也應在自修中得以化解——神明轉世之人竟還在情海中打轉，那與凡夫有何差別？許多

在佛學、儒學修為非常好的人，從未自稱自己是仙佛轉世，但不論是單身或未婚，靈性都非常的純淨，生活也相當自在。正信的心從神話故事中找到智慧，邪見的心相信自己是神話裡的一分子。

④**一名正派的靈修老師，絕對不會語帶恐嚇威脅，對於學生、弟子、信徒的去留都應予以尊重：**會害怕某個人離開我們，是因為內心缺乏自信。靈修老師若深怕身邊人的離去，那與一般人有何兩樣？人與人之間的來來去去，是因緣，正信老師會尊重彼此因緣的生滅，只有靈性仍處在惰性當中的人，才會死守人與人的關係。

⑤**當一名老師、通靈人、宮主將自身能力吹噓到無限大，這類型的人有絕大部分是因現實得不到滿足，必須吹捧自己獲得他人的信任：**讀者的女老闆自稱是執掌天地風、火、雷、電的執行長，能左右靈體死刑，甚至還執行了西方極樂世界的滅絕……這樣的情節只會出現在科幻電影中，如果不是精神異常，就是誇大不實。

提醒對靈修有興趣，或已走在靈修路上的朋友，在我們周遭有不少靈修老師、通靈人活在虛擬神話故事的角色扮演中而走不出來，藉由神話故事滿足自身的欲望與權力，甚至入戲太深，將現實一切不如他意的事情，全用他自創的神話故事邏輯去合理化：

身材太胖的主事者會說：「我身材太胖是因為我太過慈悲，吸收了你們身上所有的負面情緒……」

久病不癒的通靈人會說：「我生這一場大病，就是揹了太多你們的業障……」

因品性不佳而失去人心的宮廟主事者會說：「你們一個一個選擇離我遠去，你們都是入魔……」

喜歡拉攏人心、害怕獨處的主事者會自編一套神話故事：「魔界破了一個大洞，大批魔兵魔將干擾人間，才會導致臺灣和大陸如此不安，我必須找回從天庭投胎人間的一〇八條天人，才能一起修補大洞……」

此外，為了讓一齣齣腦海自創的神話連續劇更加熱鬧，他們還會將身旁所有的信徒、弟子通通拉進神話故事的角色扮演行列中，最喜歡用的手法，就是冠上一些迷人的名相（神明轉世、帶天命、揹無形旗轉世、某朝皇帝或是格格轉世等等），這些其實都是害怕被現實世界否定的心態。

靈修往往是靈修人內心尋求平衡、彌補不足的場域

許多靈乩、通靈人腦海中自創出許多漏洞百出的神話故事，往往跟他的生命歷程有相當大的關係，例如曾在情感上遭逢創傷未得到撫平的靈修人，他的神話世界也會與男仙女神有關，而從小不被父母、師長肯定，想要從他人身上得到心靈慰藉的人，在他的神話故事中便會自稱是大咖神明轉世，如玉皇大帝、瑤池金母、關聖帝君、無極老祖……這些人永遠不

會說自己是一般人眼中的小咖神明，例如土地公、土地婆、木頭公、黑白無常、小仙女……讀者能想出來個中道理了嗎？

透露給讀者一個靈修中不為人知的小祕密，靈修往往是靈修人尋求平衡、彌補內心對現實不滿足的場域，尤其是那些摸不得、可盡情加油添醋、完全脫離現實並與古書記載完全不搭嘎的神話故事，往往是某些靈修人最佳的自我療癒利器，這句話你一定要記得。因此，奉勸對此感興趣的讀者，務必要從神話故事中回到現實，與其對神話故事的真假追根究柢，不如去觀察他們的情感世界、人際關係，一名心性成熟穩重的靈乩、通靈人，他所轉述的神話故事才有力量幫助你走向更圓滿的人生。

❶ 涅槃一詞是指解脫、無煩惱之意，進一步則是指跳脫六道輪迴，不再入紅塵中，豈有可能再干涉人世間之事呢？

⑯道場老師曾預告地球會爆炸！

我二十歲接觸宮廟後身體開始變得敏感，也對宗教充滿好奇；宮主師姊常約我假日一起去跑靈山，現在回想起來，還好當時的我年輕愛玩，對跑靈山一點興趣都沒有。我在這座宮廟花了不少錢赦因果，至少花掉了好幾萬，那時我人生過得非常不順，認為赦因果後就能改善人生、變得更加順利，不再有累世冤親債主來討債。宮主曾要我買九品紙蓮花說要幫我祭改，九朵紙蓮花要價不菲，我也傻傻的聽話照做、沒有懷疑。我當時還問宮主：「什麼時候還要再買？」她回，需要時會再跟我說。現在回想起來真的好傻好笨——宮主缺錢時會再跟我說的。

幾年後因緣際會下，我進入另一個靈修團體，那裡沒有神像、不燒金紙跟香，也不用花錢辦法會，老師帶大家去全國各大廟宇會靈考試，大家穿的也是平常的衣著，只要每天靜坐，做一些佛教儀式就可以，老師教導不迷信，觀念很正派，那時我覺得這裡很好，不像以前所接觸的宮廟那樣。

道場老師自稱是天界某神尊下凡救渡眾生，而他所教導的靜坐是放空，每天早上固定某段時間在家靜坐，其他時間不能靜坐，那邊的人在做靈動與訓體時，所有動作幾乎都一模一樣——現在回想起來，我覺得那應該是集體潛意識催眠。幾年過去，道場變質了，充滿了商業氣息，只有大約兩成的人是單純想靈修才進道場的。

老師常要我們趕緊念經迴向多做功德，還給無形界的冤親債主，還要大家去網站、臉書宣傳他的理念，這樣才能獲得更大的功德，有一天，當地球爆炸那一天，才有足夠的功德回到來的地方。我跟同修好友常開玩笑的說，我們業績做不夠，常被老師唸，壓力很大，心中也有諸多疑問，卻不敢開口詢問。

老師曾預言某月某日會有世界末日，結果通通沒發生，當有人質疑他的預言時，他便說是他向天界求情，地球億萬人口才免於遭殃，要我們趕快修功德，靈才回得了無極界。他還說不要隨便去發生過天災的國家，如果去了我們的靈會受傷，他無法處理，一切後果由我們自行承擔。後來因家裡因素不再去這間道場，許多資深的人也紛紛離開，聽了很多這間道場不為人知的秘密，我選擇離開，當時心很慌，失去了心靈寄託的地方，整個人沒有歸屬感。

之後，某位資深前輩介紹我到某間拜媽祖的宮廟問事，我問宮主什麼時候才能認主神？她說要先認師父，因緣到了才能再認主神。因為顧小孩沒時間常回去拜拜——我很清楚顧孩子比回去宮廟拜拜還重要，去沒幾次就沒再去了。宮主師姊很正派，但那裡的靈修方式不是我想走的，我拜拜習慣用合掌的方式，很不喜歡燒香、燒金紙造成環境汙染。

去年底我上網查搜尋「主神」相關的資料，才看到宇色老師的部落格，我非常認同宇色老師的觀念，跟我看過的其他靈修老師完全不同，而且一般的老師都會穿道袍、唐裝，您的穿著卻是尋常的打扮，沒被神鬼信仰、習俗禁忌綁架的您讓我非常好奇，於是馬上買了您的五本靈修書閱讀。

參加了您在二〇一七年舉辦的靜坐共修與靈修迷思探討，非常感恩母娘與您讓我學習到南傳靜坐觀注呼吸——以前學的靜坐只是放空，根本沒辦法靜心，在共修靜坐時，我聞到三次花香，彷彿是蓮花的香味，心裡很平靜，三次的靜坐也都坐得住。八年多來學到的觀念，抵不上您的五本「我在人間」系列靈修書，非常感恩母娘與您出書，指引徬徨無助的靈修人找到心中的答案。我學到的新觀念讓我心中的枷鎖全解開，也拋開了靈修禁忌，不再綁手綁腳。我已經找到適合我的修行方式，心不再徬徨，也不再尋找道場——道場在我的生活中，靈山在我的心中。

謝謝您讓我學到，靈修路上遇任何事，先質疑、印證再思辨，先走生活修行，好好的實修、靜坐、觀照呼吸，做好本分、管好自己的心，順因緣，等待，再靈修。

無極靈修法從花蓮瑤池金母初降到臺灣將近七十年，七十年來，此修行法門已產生了許多變化，從最早期母娘傳下的煆身訓體功法讓靈修人達到最基礎的身強體健，演變到至今的點靈認主、修功德回靈界、接靈脈復古收圓、領旨辦事帶天命……我相信隨著時間推演，勢必會衍生出更多爭奇鬥艷的戲碼，更讓人摸不清年近百歲的她的真正面貌。

藉由讀者的來信，我想要分享的是，靈修是否精進，與念經、持咒、迴向一點關係也沒有，如果你不信，不妨去研究一下三、四十年前那些靈動能力超強的靈乩前輩，我相信沒有一位靈乩前輩會鎮日燒香、念經、持咒，將這些當成積累功德與能力的工具。靈修主要是在修持元神，元神就是我們的心；念經、持咒、迴向則是漢傳佛教教化人心的儀軌之一，靈修人能從持咒念經中獲得專注力的訓練，而迴向是培養我們的慈悲心，它與靈修一點關係也扯不上。

靈修是一門相當重視個人身體修練的修行法門。呼吸練丹田、開啟中脈走入頂輪達到靈通能力、修練先天之炁轉化元神……真正了解靈修的靈乩相當重視這些功法，靈修也是因此無法擴大組織，畢竟每個人的根器不一，不是每個人都有辦法達到如此深的境界。因此，許多靈乩最終會走入心靈僻靜的自修，因為當先天之炁淨化後，在語言、行為上都會走入非常寧靜的狀態——有點類似古代道教的無為心性。就我所知，許多已逝的靈乩，在後期生活上都非常的緘默，甚至不與陌生人有太多接觸，一般人眼中看似孤僻，其實他們靈魂層次已非我們所能想像。如果你也想要跟隨一名真正了解靈修的靈乩前輩，切記以下幾點：

①他們絕對不會搞大團體、大組織、大教派（最多不會超過十人），靈乩一定會慎選在心性上成熟且真正有心想走靈修的人。

②正信的靈乩絕對不會拿功德、世界末日、復古收圓來當成拉攏人心的工具，修行不應該建立在恐懼上。人終有一死，又何懼世界末日？當一個人在修練元神時，他已經在淨化靈性、走入心靈上的解脫，而不是一直在修功德、積累功德上做文章。

③現今的靈修道場相當多，規模大至上百人，小至五、六人，一些不正派的靈修團體常被當成權力與金錢的遊戲場所，保險、直銷、老鼠會、納骨塔等已經滲透到這些靈修團體中……我並非意指以上的商業行為不恰當，只是一間正派的靈修道場不應該存在金錢糾葛，靈修人不得不慎。

④最後、也是最重要的一點，一名正派的靈乩絕對不會動不動就自稱是某某仙佛轉世。就算是，靈乩也不會一直拿這種無法印證的事情洗腦信徒。靈乩重視的是實修，沒有實修，談再多仙佛轉世也無用。佛法在華人地區傳了近兩千零二十年，喬達摩・悉達多一開始也沒有打著某某仙佛轉世的名義在宏法，而是苦修六年悟道後才開始傳法，況且佛陀傳法也不會拿他是什麼轉世來洗腦弟子。有趣的是，坊間的靈修界很喜歡自稱是某某仙佛轉世，彷佛若不牽上某一尊仙佛，就無法博得他人的信任。

⑰魔即將來擾亂人間，宇色你帶有拯救世人的天職……

宇宙有事。職責所在。靈界所求。降下龍身。即刻召回。萬年之龍。責任重大。需要三人轉世盤。

一位讀者來信附上她的無形師關聖帝君所降天文：「萬年之龍為何來到，是知職責，是知時機已成，是何意來？靈是來之，何以顯本，何為凡身不知？是以靈來，至是於此，長久待，以是學之，何以用之，長久之學，長年修之，待以時日，必得全知，龍啊龍啊！快回到凡身告之，時日以到，昊天至尊關聖帝君日待以內，時以日至，五母之母，萬眾渡之，宇宙世界是危以至，魔界之戰以速來至，龍啊龍啊！汝之責，切勿忘本之，時日以至……四方神獸集聚之，東西南北中，五方之神眾以歸之。」

將這封來信放入本書當中，是想要讓更多讀者了解，靈修路上永遠有一堆人在揣測你的人生，尤其當你站在能見度愈高的地方時，旁人對你的指指點點只會愈多。靈修之路充滿鬼鬼神神，就像這位讀者的無形師直指我是四象中的青龍——這是多麼崇高殊勝的身分！在完全不認識自己、不了解未來之路的情況下，相信或多或少會迷失在這天上掉下來的高貴身分中。

我總戲稱自己是師伯級的靈修人，近二十年的靈修路說長不長，說短不短，雖然不敢說到了什麼驚人的程度，但至少心知肚明自己的心性與劣根性。多年來，有許多讀者是看了「我在人間」系列書籍而認識我的，也因為這樣，很多人在我的元神上冠上太多的名號：有人大老遠來找我，說他的元神是鳳，要找我這隻龍合一；有人說他的無形師要找我；有人說我肩負了靈修的重任；有人告訴我，他的天命是開天庭金庫，與我合作會助我一臂之力，幫我賺很多錢；有人說我是西藏密宗某世法王轉世；有人說我靈格很高；有人說他的無形寶在我身上；還有人說我是三國演義中的張飛轉世、諸葛亮轉世……

我從來沒有去誇耀自身的能力，但總是有人在我身上冠上一些莫名的身分，這讓我有一個非常深的感觸——**自不迷心，他人的言語又如何能夠迷惑你的心？**當你對自己和人生都還不夠認識時，會有一堆人在你身上胡亂加油添醋；當你具能力了知自己轉世因緣時，對你的好奇更是少不了，只能說靈修時時刻刻考驗心的定力與智慧，換一個角度想，這就是民間信仰的魅力所在之處。

《我在人間與靈界對話》曾提過，有人說我身上是女鬼附身、我是阿修羅轉世（這是最誇張的）、我是道教尊稱為純陽祖師、呂洞賓投胎轉世，甚至有人說我是他們宮廟內的龍所幻化，多年來一直在等我回歸仙榜。然而，十多年過去了，我依然是我。每一個直指我元神、轉世如何又如何之人，都自稱他們很厲害，但怎麼每一個人講的都不一樣呢？當我向這些人詢問我書中沒有提也不能說的祕密時，從沒有人說中過——我最常考的問題是「我的主神是誰？」一大票的人都說是瑤池金母，這不是受我的書所影響又是什麼呢？神話、鬼神的世界就是如此，你相信了，就與他們是相同的世界，唯有堅定自己的心、走自己想走的路，才有辦法走出屬於自己的一片天。

靈修之路就算走上了百年，也只能了解靈修的幾根汗毛，我自認沒有學到很深，但至少自知今世應該努力的方向，心性也好，劣根性也好，這條路都還很遠……至於別人口中我的今世天命與靈脈如何，我沒有太大興趣，其實關於這一點，早在十多年前我已經在靈動訓體中出元神了知一切，只是不懂為何還是有數不盡的人想在我身上做文章。

有很多人來找我求證，某宮壇、通靈人說他們是九天母娘轉世、玉皇大帝投胎、本靈是瑤池金母……我跟他們說：「如果你跟我求證，就什麼都不是。了知自己一切的人，是不用向任何人求證的，因為你已了然於胸。如果你真是玉皇大帝、九天母娘、瑤池金母轉世，那又何必找『人』印證呢？」

這位讀者寫信說她的無形師直指我是四象之一的青龍轉世，宇宙有事、魔界大亂，我背負著重責大任，須去找他們家的關聖帝君。走靈修近二十年了，修母娘的法一輩子，宇宙有事，也應該是母娘來找我，但母娘還是安妥地坐在我家佛堂教導我：「人心比魔界更亂，仙界與魔界都是無形世界的極端，只有人心亂，才會擾亂世界的平衡。」

老實說，這種神來神去的事情，最後容易演變成仙拼仙的神話故事：是我家的瑤池金母厲害？還是他家的關聖帝君比較勇猛……這，似乎沒有太大的意義。

再者，這篇天文內容，有太多地方值得商榷：

①千年不變是神明的精神：這篇天文是關聖帝君所降，但當中卻絲毫感受不到關聖帝君的忠義、勇猛，反而類似母娘系、菩薩系等女性神祇的口吻，聲聲呼喊著靈子的歸來，這樣的

精神完全不符合靈修派中太極界的男性神祇，這也代表當事者（女性）的潛意識滲入天文當中，並不全然是關聖帝君所慈降。

②開文必落印：這是觀察天文真偽最直接的印證，一名神祇——尤其是地位崇高、不同於一般神尊的關聖帝君——如同古代帝王傳下玉旨，為求謹慎，開文後必會在文的最後落印（簽名）。此篇天文從頭到尾都沒有署名，不符合神明降文的邏輯。

③頭銜也是觀察的依據：文中關聖帝君自稱是昊天至尊，昊天至尊的全稱是玉皇大天尊玄穹高上帝，也就是我們所熟悉的玉皇大帝——太極界最高的神祇。關聖帝君被推崇到太極界的玉皇寶位，背後最大的推手不是出自靈修派，而是一貫道，關聖帝君本尊是否真的認同祂自己是玉皇大帝，這仍有待商榷。我在《我在人間與靈界對話》中提及自己感應到關聖帝君時，祂並未自稱昊天至尊。

④我本人的元神為假龍：我的元神是一隻龍，閱讀過我的書的人並不陌生，但在書中，我也早已言明自己並非真龍轉世。每一個人都希望自己的元神是崇高與尊貴的，我親眼見了自己轉世因緣，才說我是假龍，而非真龍❶，既然我都有自知之明，稱自己非真龍，關聖帝君怎會一直往我臉上貼金，說我是真龍，而且還是四象之一的青龍呢？

基於以上分析，我認為這篇天文沒有太多參考價值，之後請該位讀者請示聖關帝君我的主神為何，其回答是：我是真龍轉世，身旁有眾神守護，沒有主神。事實並非如此。

靈修是一條向內走的路，心安穩了，世界就安穩。靈修不是活在神話故事上，仔細想想，勾起世界大戰的，是人心還是波旬❷？我每天都在想辦法顧好自己的心，哪有空去管魔界和宇宙。這種拯救世界、維護靈界與人間和平的神話故事，我已經在上千位靈修人身上聽過許多不同版本……這事兒，就交給想要當神的人去處理吧！

我的印度瑜伽老師說：「Yogis do not drop from heaven. They are made through constant practice.」❸套在靈修路上更是如此，靈修絕對不要指望從天而降的靈格身分，沒有實修與練習，就只是一場空。

我並不想得罪任何人，只想安穩修我的靈修。我沒有這麼偉大，只是一個很單純的靈修人。這是我走二十年靈修的心得，我很感恩，走得坦然。

❶請參閱《我在人間與靈界對話》。

❷印度教中天魔之首，總是以各種手法阻礙修行者修道之心。後期則將波旬延伸為一切心魔的代表。

❸意思是，瑜伽士沒有從天堂降下來，他們都是經過不斷的練習。

⑱無形師尊法相凶猛，嗜吃其他靈體，我要跟它修嗎？

我是來自馬來西亞的靈修者，走靈修大概三年多，最近靈修時，有新的無形師尊要收我為徒，不過祂的法相有點凶，而且好像有吃其他靈體。請問這是走火入魔的情形嗎？或者純粹是其他神佛？希望老師解答。如果是魔，有什麼方法不受干擾嗎？

近年來常收到馬來西亞讀者與臉友的來信、電話，從他們的詢問中依稀了解到，馬來西亞與臺灣有著相似的宗教觀念以及泛靈信仰。

我與此位讀者未曾謀面，很難用文字為他解惑，但透過他的文字描述，我想分享幾個看法：

「新的無形師尊要收我為徒，不過祂的法相有點凶，而且好像有吃其他靈體。」從這句話來判斷，讀者本身的靈修觀念是否存在著正邪不兩立，或是仙佛鬥鬼魔之類的信仰態度？在臺灣的靈修界也常有類似的觀念，坊間宮壇、道場最常聽到的鬼神修行就是渡亡魂才能積累功德、斬妖除魔回歸仙榜、收伏魔界鬼眾修功果等等，這種觀點背後的意涵就是「正邪不兩立、仙佛鬥鬼魔」。

魔是否存在？瑤池金母如此解釋：「魔存在靈界難以計算，靈界各司其位互不干擾。魔不入人間，人心邪見牽動仙魔界。」母娘的意思是，仙佛魔不會無故來到人間惹事端，魔也不會像書上所寫的一樣，動不動就擾亂仙庭與人間，人心浮動存有邪見，此心念便會連動仙魔與之相應，瑤池金母進一步道：「人心安住，魔仙無事，人心充斥邪見，必連動靈界。」由此可知，可怕的並不是魔，而是人心。

走靈修這麼多年，見過各式各樣的宗教人、靈修人，這麼多年鬼鬼神神也見多了，真心感受到的是，其實鬼魔真的不如你想像中這麼多，但人心邪見所幻化出來的鬼神妖魔卻比封神榜、西遊記還要精彩。如果你也以這樣的心態來看待鬼神、行走靈修，終有一天會在靜坐、靈動時感應到與這位讀者相似的訊息，鬼神魔不在身外，而在你心中，你用什麼樣的態度來看待鬼神與靈修，有一天成熟之際，必會幻化出與心相應的鬼神形象。回到讀者的疑問，與其說這是走火入魔，倒不如先檢視自己的靈修觀點是什麼。

假設你也遇到無形師前來教導的情況，不要急著想趕它走，或是擔心自己是否走火入魔；不妨先靜下心來好好思索，在這條靈修路上你是抱持何種心態、觀點？在現實生活中你有重心嗎？你自在快樂嗎？工作中你有得到成就感嗎？將以上問題思索一遍，觀念釐清，自然心清。

後記

閱讀了這麼多人的精彩故事，你有什麼樣的想法？我很感謝與我分享這些故事的讀者們，如果沒有他們，這本書是無法完成的，正因為有人願意分享、問問題，才有機會讓更多人從中得到更多的啟發。如果這本書能讓更多人看見靈修另一層樣貌，能讓一些迷惑之人獲得一絲絲的安定感，我願將這份功德迴向給此書內寫信給我以及私下問問題的讀者。

日本曹洞宗的鈴木俊隆禪師曾說：「『初心』乃是我們本自具足的心，它是一顆空寂和準備好去接受的心。如果我們的心是空的，它就能隨時準備好去接受、對一切抱持開放態度。初學者的心中充滿各種可能；老手的心卻沒有多少可能性……初學者的心中沒有『我已經達成了！』之類的念頭，這些自我中心思想只會限制住我們廣大無邊的本性。當我們的心沒有任何成就欲或私欲時，我們就是真正的初學者，如此才能真的學到一些東西。」❶

在靈修路上，我一直讓自己保持在歸零的狀態，像鈴木禪師所說的那樣，讓心隨時準備好去接受一切新的可能性。或許，「我在人間」一系列著作引起許多讀者對我轉世的好奇，而書中的經歷也非一般人所能想像，但是我必須說，我不是一位證悟的靈修人，我個人的淺見也無法代表靈修與宗教的全貌，我只是以個人將近二十年的靈修經驗，分享一些心得和看法。

誠如鈴木禪師所言，不論你我，都必須抱持一顆樸實與赤子之心，切忌自以為在靈修領域已是專家、老手、前輩，這樣的心態只會扼殺靈修之路。

靈修最終要修到哪裡？

本書中曾提及的李峰銘教授，他看盡無數靈修人起起落落，為了深入研究靈山也師承某些道行相當高的靈乩前輩，他以一句話總結了十多年的研究：「**靈修最終還是要回歸生活，真正能讓生活更快樂自在的人才是真正的靈修人。**」你能體會這位教授的肺腑之言嗎？不論你閱讀完這本書後，是完全無法認同，或是受益良多，我都希望你能以全新的視野重新看待靈修這件事，唯有歸零（回到初心），你才能再次從靈修中獲益。

最後，我想要送給讀者一小段話：「**命運是自己的創造，人生是自己的，該怎麼走、該如何選擇，沒有任何人可以左右你。靈修亦是如此，放下這本書，人生還是繼續前進著，了了分明自己的心勝過一切。**」

❶引用自《占星、心理學與四元素：占星諮商的能量途徑》，心靈工坊出版。